Le jour où ma vie a vraiment dérapé

ÈVE BORELLI

Le jour où ma vie a vraiment dérapé

roman

Ce texte est précédemment paru sous le titre
Toi, moi, les éléphants et Dark Vador.

HARPERCOLLINS FRANCE

83-85, boulevard Vincent-Auriol, 75646 PARIS CEDEX 13.
Service Lectrices — Tél. : 01 45 82 47 47

www.harlequin.fr

ISBN 978-2-2803-8948-8

À Lino et Anna...

1. Zoo, crottes et visite impromptue

Alors qu'elle ramassait rageusement sa seizième crotte d'éléphant, Lisie ne cessait de pester contre cet abruti de Théophile. Comment avait-il pu lui infliger cela ? Deux semaines auparavant, elle voguait encore de réunions en cocktails, gérant à elle seule la communication de la réserve africaine dans laquelle elle était employée depuis six ans. Certes, elle aimait le contact avec les animaux et ne se privait pas de passer de temps en temps un après-midi avec ses chers congénères à poils et à plumes... mais le ramassage de crottes d'éléphants ?

De *crottes* d'éléphants ?

Assurément, il avait dépassé les limites. C'était de la pure vengeance.

Chef à la noix.

Saucisson pur porc.

Avec un soupir exaspéré, elle shoota dans une pierre qui se révéla être un excrément de plus. Il s'écrasa mollement sous sa chaussure.

— Je déteste ce zoo ! Je déteste le monde ! hurla-t-elle, folle de rage, frottant sa basket contre le sol.

Dumbo-star, le plus vieux des mâles, l'observait sans broncher.

— Excuse-moi, mon grand. Ce n'est pas contre toi, tu es mon préféré, tu le sais. Mais depuis qu'Arsène est hospitalisé, rien ne tourne plus rond ici.

L'éléphant ne cilla pas. À vrai dire, il semblait se contreficher de la situation.

— Merci pour ta compassion ! Si tu savais ce que...

Elle fut interrompue par une voix d'homme qui massacrait le *Paris s'éveille* de Dutronc. C'était faux, braillard... En un mot : horrible.

Une silhouette titubante approcha de l'enclos, ployant sous le poids d'un immense sac. Lisie plissa les yeux pour l'observer. Le type était soûl, assurément. Lorsqu'il atteignit la barrière, il s'y appuya et fit tomber son barda. Puis il resta immobile trois minutes, la tête entre les mains, au point que Lisie le crut endormi. Elle s'approcha, histoire de vérifier que le pauvre garçon n'entamait pas un coma éthylique, là, pile devant elle, il se redressa brusquement et entreprit de fouiller dans ses affaires. Il en sortit un appareil-photo à la pointe du high-tech, tangua à droite, se ressaisit, bascula à gauche, pour enfin réussir à se stabiliser.

Pathétique ! Qu'est-ce qui l'avait poussé à venir ici, dans cet état, à 9 heures ?

Il ajusta maladroitement le zoom et se mit à canarder les éléphants.

— Il est 5 heures ! Les éléphants... s'éveilleeeeeeent ! Les éléphants... s'éveilleeeeeent !

Une adaptation perso de la chanson.

Insoutenable.

Même les pachydermes, surpris de ce vacarme soudain, se tournèrent mollement vers lui.

— Oui ! Parfait ! De la sensualité ! De la profondeur dans le regard ! Amis éléphants, vous faites un travail EXTRAORDINAIRE !

Parti comme il l'était, il allait bientôt leur demander de faire l'amour devant l'objectif.

Une mère et son enfant débouchèrent sur le sentier. Lorsqu'ils aperçurent l'énergumène, ils hésitèrent, puis rebroussèrent chemin prudemment.

Incroyable ! En plus de saccager un monument de la chanson française et d'importuner les animaux, il faisait fuir les visiteurs !

Lisie, dont l'énervement s'était transformé en exaspération, ne cherchait que cela : un bouc émissaire sur qui se défouler. Oui, bon, martyriser un ivrogne n'était pas très charitable, mais tant pis pour son karma : elle en avait trop besoin.

Elle jeta sa pelle à crottes et alla se planter devant lui, abaissant son appareil.

— Dites donc, vous ! Où vous vous croyez ? Dois-je vous rappeler que vous êtes dans un zoo familial, ici ? La moindre des politesses serait d'arrêter de brailler et de vous tenir correctement. Vous faites peur aux enfants. Et vous chantez faux.

Il posa sur elle un regard vide et n'esquissa pas un geste. Sa bouche entrouverte lui donnait l'air stupide. Il sentait l'alcool à plein nez. Dommage, il aurait pu être beau. Son visage aux mâchoires carrées était très séduisant, dans le genre baroudeur de charme, et son corps aurait fait se pâmer la plus austère des religieuses.

— Allô ? On se réveille ! Je vous parle !

Le visage de l'homme s'éclaira soudain. Il entama une petite danse qui faillit l'envoyer par terre, puis la fixa avec extase.

Non... Il n'allait tout de même pas la draguer ! Elle était esseulée depuis que Jo l'avait quittée mais, en dépit des apparences, elle n'était pas encore tout à fait désespérée. Hors de question de se laisser embobiner par une éponge à cognac vivante !

— Vous êtes métisse, lui lança-t-il. C'est parfait !

Sa voix était pâteuse, mais il articulait étonnamment bien.

— Vous me serez bien utile. Vous, les éléphants, c'est très couleur locale, très savane africaine... Vous vous placerez à côté du gros qui regarde l'arbre, là-bas, et m'adresserez un signe de la main. N'oubliez pas de faire votre plus beau sourire. Et si vous pouviez enlever cette horrible blouse à l'effigie du zoo, vous seriez bien mignonne.

Ce n'était pas possible ! Elle se pinça. Elle cauchemardait éveillée ! Ce pauvre mec la trouvait *assortie* aux éléphants ? Ce type lamentable faisait des remarques débiles sur sa couleur de peau ? Il la traitait de *couleur locale* ?

Elle se planta bien en face de lui.

— Vous vous rendez compte de ce que vous dites, là ? Je suis à deux doigts de...

— Allez, allez, pas de discussion, petite greluche, on se met en place ! La gloire n'attend pas !

Il se mit à rire bêtement.

C'en était trop.

Perdant tout contrôle, Lisie le gifla violemment. Un instant d'hébétude et l'homme gloussa de nouveau comme une dinde.

— Quelle femme à poigne ! articula-t-il entre deux hoquets.

— Vous savez ce qu'elle va vous faire, la femme à poigne, si vous ne dégagez pas d'ici immédiatement ?

Dumbo-star s'approcha.

Défoncerait-il la barrière et écraserait-il l'importun comme un vulgaire moustique, si elle le lui ordonnait ?

Ce serait tellement merveilleux.

SOLIDARITÉ ANIMALE

Un pachyderme sauve une jeune femme agressée... En guise de récompense, la réserve dans laquelle il est né lui accorde deux mois de vacances. Lundi, il prendra le bateau pour l'Égypte en compagnie de sa protégée pour une croisière culturelle de quinze jours. Souhaitons-leur bon voyage !

Dumbo-star stoppa son avancée pour se curer l'oreille avec sa trompe, puis fit demi-tour.

Mais pourquoi le sexe masculin se montrait-il toujours décevant ?

L'affreux visiteur riait tellement qu'il en était secoué de spasmes. Elle aurait parié qu'il ne se souvenait même plus de la raison de son hilarité.

Ne voyant pas d'issue à ce pitoyable conflit, elle dégaina son talkie-walkie. Phil répondit immédiatement :

— Ouep ?

« Ouep » ? Mmmh... Très cow-boy du temps jadis, ça...

— Phil, j'ai besoin de toi à la savane des éléphants : un visiteur complètement soûl s'y trouve et il m'a dit que...

— Pas besoin d'en dire plus, j'arrive !

Définitivement cow-boy du temps jadis...

Chassant le sourire niais qui naissait sur ses lèvres, elle rangea son appareil.

— Le vigile arrive. Un mètre quatre-vingt-dix, cent dix-huit kilos. Bon courage ! clama-t-elle, satisfaite, lui tournant le dos.

Il la retint par la manche. En une seconde, son attitude avait changé du tout au tout.

— Je... Je vous en supplie, ne me virez pas ! l'implora-t-il, en se jetant à genoux. J'ai besoin de faire ces photos ! C'est vital ! Vous, les éléphants... C'est un signe du destin !

Ha ! On faisait moins le malin, maintenant !

Il avait l'air franchement angoissé, mais Lisie ne comprenait pas un traître mot de ce qu'il disait. Tout ce qu'elle souhaitait, c'était se débarrasser de lui *illico presto*. Il lui restait une montagne d'excréments à ramasser ; elle avait d'autres chats à fouetter.

En un clin d'œil, Phil fut à leurs côtés.

Héroïque.

Son crâne rasé brillait de mille feux sous le soleil. Il était grand. Il était beau. Il sentait presque bon le sable chaud. Après avoir adressé un clin d'œil à Lisie, il toisa le pauvre homme de toute sa hauteur, bombant le torse. Il fit même craquer ses doigts.

Quel homme...

Mais l'autre ne se démonta pas. Il se releva aussi prestement que le lui permettait son état et tenta une approche de franche camaraderie.

— Salut mec, je crois que toi et moi, nous devrions parler. Il y a un malentendu. J'étais là, pacifique, à prendre quelques clichés de ces merveilleux éléphants, puis cette hystérique s'est jetée sur moi et m'a giflé lorsque je lui ai proposé de poser ! Moi qui voulais me créer de beaux souvenirs... Je suis choqué.

Alcoolisé et fourbe ! Il était en train de la faire passer pour une folle furieuse.

Elle en était sciée.

Heureusement, Phil ne sembla pas croire une seule seconde à sa version et, d'un geste, lui enjoignit de ranger son matériel. L'autre ne s'avoua pas vaincu pour autant.

— Allons, vous n'allez pas me virer pour ça ? Solidarité masculine, hein, *buddy* ?

Buddy...

Il avait touché le fond...

Phil haussa un sourcil dédaigneux puis, sans crier gare, l'empoigna, s'empara de son sac et le poussa vers la sortie. L'autre braillait. Il porterait plainte, ça ne se passerait pas comme ça, c'était impensable, il contacterait la presse locale, bla-bla-bla.

Lisie ne put s'empêcher de soupirer d'admiration : quel athlète, ce Phil ! Il s'était débarrassé de l'importun avec une virilité totalement renversante.

Une jeune employée qui ramassait tranquillement des excréments…

Non.
Un peu de poésie, que diable !

… Une jeune employée tout à fait charmante qui soignait un éléphant en détresse a soudain été agressée par un dangereux individu. N'écoutant que son courage, le vigile, alerté par ses cris, a porté secours à la victime. L'agresseur croupit actuellement en prison jusqu'à la fin de ses jours, alors que, suite à cette mésaventure, les deux collègues se sont avoué leur amour. Ils vont se marier et auront beaucoup d'enfants.

Lisie soupira.
Il fallait qu'elle arrête de se faire des films...
L'apollon était marié, avait trois enfants, portait son alliance et se délectait des bons petits tupperwares maison sur lesquels sa femme collait des mots d'amour.
La semaine précédente, il avait exhibé fièrement un spécimen sur lequel était inscrit au Stabilo rose :
Philou-minou, hâte de sentir ta peau ce soir.
Autant dire qu'elle n'avait aucune chance.
Abattue, elle venait de décider de s'octroyer une pause salutaire, quand son talkie-walkie grésilla.
— Allô, allô ?
— Lulu ?
Sa meilleure amie. Elle était dresseuse de rapaces et exerçait ses talents avec plus ou moins d'efficacité depuis plus d'une dizaine d'années. Cela faisait des semaines qu'elle s'escrimait à imiter le cri de la chouette en vue d'un spectacle pour enfants. Un échec cuisant, il fallait bien l'admettre, malgré tous ses efforts... Le maudit volatile ne revenait jamais lorsqu'elle l'appelait et prenait

même un malin plaisir à la narguer, virevoltant au-dessus de sa tête sans jamais daigner se poser sur son bras. Mais Ludivine, optimiste de nature et par choix, ne se décourageait pas, persuadée d'y arriver avant la date fatidique de la représentation.

— Que s'est-il passé ? J'ai entendu ta voix, tout à l'heure, mais j'étais occupée à parler à Vivi.

Oui.

Ludivine pensait qu'offrir des séances de psy comportementale à sa chouette aiderait celle-ci à accepter l'autorité.

— Rien... Tout. J'arrive, j'ai envie d'un break.

— Reçu. Je t'attends !

Lorsque Lisie la rejoignit, Ludivine était assise devant le pôle de dressage, tirant frénétiquement sur une cigarette électronique qui semblait plus grande qu'une flûte.

— Tu tiens toujours ?

— Pas une clope depuis un mois. À bas la Tueuse, le vapotage, c'est la vie ! Au fait, bonne nouvelle, Vivi a accepté de frôler ma main. Et écoute ça : « Youhouuuuu ! Youhouuuuu ! » J'ai progressé, non ?

Le hululement supposé ressemblait au gémissement d'un animal à l'agonie.

— Magnifique ! répondit Lisie, optant résolument pour l'hypocrisie.

— Merci. Je me trouve aussi très douée. Alors ? Raconte ! J'ai cru t'entendre appeler Philie-sexy à la rescousse ?

— Rien de transcendant : un type complètement soûl est venu prendre les éléphants en photo et m'a demandé de poser avec eux. Il a estimé, je cite, que je faisais très *couleur locale, très savane africaine.* Et il m'a appelée *greluche.*

Ludivine gloussa.

— J'aurais donné cher pour voir ta tête !

— Je l'ai giflé. Il aurait pu me faire rire, mais en

ce moment, je n'ai plus de patience en réserve pour les pauvres types.

— Des nouvelles de Jo ?

En parlant de pauvre type...

— Aucune. Jo file le parfait amour avec sa nouvelle copine. Il n'est même pas encore venu récupérer ses affaires. J'ai une folle envie de tout jeter à la poubelle, mais j'essaie de rester digne. Tu te rends compte qu'il me trompait depuis un mois ? Un mois ! Que se serait-il passé, si je ne l'avais pas surpris ? Je n'en reviens toujours pas... Dans MON lit, en PLEIN coït ! Sur MES draps de soie. Et elle qui hurlait : « Vas-y, gros loup ! » Gros loup... Dire qu'il ne supportait pas que je parle pendant l'acte.

— Je sais, je sais, répondit Ludivine, en lui tapotant le dos. Dis-toi que ça aurait pu être pire : tu n'étais pas vraiment amoureuse de lui. Au bout d'un an, vous ressembliez déjà à un vieux couple !

— Tu te trompes. Je l'aimais...

Tandis qu'elle protestait, l'image des charentaises vert et blanc de son ex lui revint à l'esprit, tout comme sa fâcheuse tendance à appeler sa mère chaque soir ou son goût immodéré pour l'ail cru.

— Jo te rassurait. Tu étais contente d'avoir quelqu'un à qui raconter ta journée, en rentrant à la maison. Je te connais depuis longtemps, ma belle. Tu mérites mieux ! Pense à Nora. Que dirait Nora ?

— Elle me dirait de chercher l'homme aux grandes mains rassurantes et aux bras musclés qui provoquerait en moi un feu d'artifice d'émotions incontrôlables.

Dans sa liseuse, les romans de Nora Roberts étaient légion, mais jamais au grand jamais elle n'avait ressenti LE grand frisson de la passion, celui qui était censé, si elle en croyait son auteure préférée, « parcourir son cerveau, son échine et aller s'épanouir lentement dans la fleur de son intimité » : Nora maîtrisait à fond le sujet. C'était ça, l'amour, le vrai. Malheureusement, elle n'en avait encore jamais fait l'expérience. Elle avait pourtant eu des aventures, mais ses partenaires étaient toujours trop mous, vifs, pressants, distants... Peu à peu, elle en était venue à chercher un compagnon agréable sans espérer plus. Jo était alors entré dans sa vie, et elle l'avait laissé faire.

— Allez, tu verras, tu trouveras chaussure à ton pied, ne désespère pas.

— Tu parles... Je finirai seule avec mes trois chats, et on retrouvera mon corps une semaine après ma mort.

— T'en fais pas, nous serons deux. Nous vivrons en colocation et serons deux vieilles femmes indignes. Ce sera *absolutely fabulous* !

— Et Cathy ?

— Cathy ? C'est de l'histoire ancienne. Je l'ai quittée hier. Trop collante ! Au bout d'un mois, elle me parlait déjà PACS, mariage, adoption et plantes vertes. Elle m'a filé les jetons !

— Et voilà, encore un cœur brisé par ta faute...

— Je les préviens pourtant dès le départ ; je leur dis que je ne souhaite rien de sérieux. Mais elles s'entêtent...

Ludivine charmait tout le monde : femmes et hommes tombaient comme des mouches devant son assurance, son visage angélique et ses jambes fuselées. Elle était irrésistible.

— Pauvre de toi ! Adulée et tellement seule. Quelle horrible situation ! se moqua Lisie. Si seulement j'avais le quart de ton succès, crois-moi, je serais heureuse !

— Mais je suis heureuse ! Je veux seulement qu'on ne me mette pas en laisse ! Enfin... Et Gros Chef, au fait ? Tu l'as vu aujourd'hui ?

— Théophile ? Oui, ce matin. C'est définitif : il ne me supporte pas. Il a décidé de me faire nettoyer tous les enclos. Il me met le nez dans la merde, quoi.

Elle passa sous silence l'ignoble chantage dont elle était la victime : Ludivine aurait été capable d'égorger leur patron à mains nues, si elle l'avait appris.

— C'est inadmissible ! Tu devrais lui tenir tête ou au moins en parler à Arsène. S'il savait ce qui se passe ici...

— Je ne veux pas l'embêter. Il a besoin de calme et de tranquillité. Et puis, je ne vais tout de même pas critiquer les décisions de son fils !

— Son fils ? Théophile n'a jamais bougé le petit doigt pour lui. Il s'est pointé pour jouer au tyran, alors que ça fait des années qu'il n'a pas vu son père ni daigné donner de ses nouvelles. Écoute, Arsène t'aime. Il te considère comme un membre de sa famille. Ça m'étonnerait qu'il donne raison à cet ingrat...

— Cet ingrat a pris sa place pour le moment. Arsène sortira bientôt, et nous aviserons à ce moment-là. Mais je peux te dire que j'ai hâte que cette espèce de porc ventripotent soit hors de ma vue, avec son regard dégoûtant, ses fesses molles, son odeur de sueur rance, ses...

Ludivine lui donna un coup de coude, interrompant sa tirade, et lui désigna du menton la silhouette massive qui fondait sur elles.

— Quand on parle du loup...

Théophile approchait de son pas lourd, le ventre en avant, avec une expression de satisfaction sur le visage. Il avait tout d'un goret et avait accompli l'exploit de se faire détester de tout le personnel en quinze jours à peine.

— Mesdames, que faites-vous assises à ne rien faire ? leur demanda-t-il, tout en jetant un regard concupiscent sur le décolleté de Ludivine.

— Nous bronzons, ça ne semble pas évident ? rétorqua celle-ci du tac au tac.

Théophile lui sourit. Incroyable ! Elle pouvait tout se permettre ! Il fondait, quoi qu'elle lui dise. Si Lisie ne l'aimait pas autant, elle aurait été jalouse de son pouvoir de séduction.

— Mademoiselle Lacroix, avez-vous enfin réussi à dresser cette maudite chouette ou dois-je vous affecter à un autre poste ? Votre collègue aurait bien besoin d'aide. Les crottes, ce n'est pas ce qui manque, ici !

— Jamais vous n'oseriez me faire ça, vous savez bien que je vous jetterais tout ce que je récolterais au visage, comme devrait d'ailleurs le faire mon amie ici présente.

Théophile sortit un énorme cigare de sa poche et, se caressant les lèvres avec, reporta son attention sur Lisie ou plutôt sur ses cuisses.

— Et vous, qu'est-ce que vous faites plantée là ? Vous êtes loin d'être au bout de vos peines.

Il avait dit ça avec un sourire victorieux.

Il se vengeait.

— Je me suis autorisé une pause, mais elle est terminée. J'y retourne.

— Je vous raccompagne. Je veux être certain que vous accordez toute l'attention nécessaire à votre tâche.

Ludivine lui adressa un sourire compatissant et lorsque Théophile eut le dos tourné, elle articula silencieusement « Mort au porc ! », ce qui ne manqua pas de faire glousser Lisie.

— Vous êtes d'humeur joyeuse, aujourd'hui, mademoiselle Para, reprit Théophile d'un air soupçonneux, alors qu'ils s'éloignaient.

— Tout à fait, monsieur.

Elle irait au diable si elle montrait un signe de faiblesse.

— C'est peut-être parce que vous avez réfléchi à ma proposition ? lança-t-il, en coulant une main sur sa hanche.

Lisie se dégagea immédiatement avec un frisson de dégoût.

— Non, monsieur, je ne reviendrai pas sur ma décision ; je refuse de dîner en tête à tête avec vous.

— Ramasser les crottes semble donc vous convenir ?

Le cochon.

L'infâme cochon.

— Je trouve que c'est particulièrement épanouissant, oui. En fait, je crois que je suis née pour ça.

Il se plaça devant elle, lui bloquant le passage, puis prit le temps d'allumer son cigare et de tirer voluptueusement dessus. Auréolé d'un nuage de fumée nauséabond, il semblait soudain maléfique.

— Arrêtez de fanfaronner. Vous n'êtes qu'une petite opportuniste. Vous avez profité de la bonté stupide de mon père qui vous a tout accordé. Mais vous n'êtes rien. Vous n'avez aucun diplôme. Vous n'auriez jamais dû obtenir ce poste de responsable communication.

— C'est comme ça que vous vous y prenez, habituellement, pour obtenir un rendez-vous galant ?

Elle refusait de se laisser démonter par cette espèce de Gargamel version cellulitée. Ludivine avait raison, elle devait résister.

— Vous vous laisserez persuader, je n'ai aucun doute là-dessus.

— Lorsque votre père reviendra, vous verrez...

— Qui vous dit qu'il reviendra ? Il est vieux, fatigué et ce zoo de malheur pompe son énergie. En tant que fils dévoué, il est de mon devoir de l'encourager à se retirer. Place aux jeunes !

Lisie recula, estomaquée. Jamais Arsène ne renoncerait à sa réserve... Mais si Théophile se montrait persuasif, que se passerait-il ? Serait-elle condamnée à travailler avec lui ?

L'horrible personnage ! Ce type-là, c'était la réincarnation d'un grand méchant du temps passé. C'était le Mal absolu. Pire ! Le fils naturel de Cruella et de Voldemort.

Avant qu'elle ne puisse reculer, il déposa un baiser baveux sur sa joue.

— Une soirée, une seule, et vous retrouverez votre job, susurra-t-il.

Un répugnant postillon s'abattit sur la joue de Lisie.

Il voulait coucher avec elle, cela ne faisait plus aucun doute.

Un frisson d'horreur la parcourut à l'idée d'être

écrasée sous son poids. Elle était à peu près certaine qu'il grognait pendant l'acte.

Mort tragique : Une employée de la réserve africaine nous a quittés

La belle batifolait apparemment avec son patron lorsque le drame s'est produit : elle a succombé sous le poids imposant de son amant. Des hommages funéraires lui seront rendus ce jeudi.

Quelle horreur ! Ramasser des crottes pendant toute sa vie était préférable à cela. *Tout* était préférable à cela !

Gros pervers insupportable !

Engeance infernale !

Théophile lui adressa une moue suggestive avant de s'éloigner, et Lisie pénétra piteusement dans la plaine des éléphants. Elle ramassa sa pelle, son sac-poubelle et, vaincue, poursuivit son nettoyage.

Il n'y avait qu'une chose à faire : se confier à Arsène. Lui raconter que son fils l'avait collée au nettoyage, lui retirant tous ses dossiers en cours, l'empêchant de développer les projets qui remonteraient à coup sûr les finances du zoo. Elle ne devait pas laisser Théophile le convaincre de prendre sa retraite. À cette pensée, la culpabilité l'envahit. Arsène vieillissait... Peut-être avait-il effectivement besoin de repos ?

Si seulement il avait arrêté de fumer, comme son médecin le lui avait conseillé à maintes reprises, il n'aurait pas eu cette satanée crise cardiaque, son macaque de fils n'aurait pas accouru pour prendre la direction du zoo, il ne lui aurait pas fait des avances, elle n'aurait pas eu à les refuser, et elle serait en train de préparer sa présentation Zoo-cocktail destinée aux notables de la ville et bien d'autres choses encore. Et surtout, surtout, elle ne se retrouverait pas là, sous un soleil de plomb, à compter les crottes qu'il lui restait à ramasser.

Maudite, maudite journée.

2. Fatigue, fiançailles et lancer de chaussures

Lorsque Lisie franchit les portes de la clinique, son dos lui faisait un mal de chien et, dans son esprit embrumé par la fatigue, le zoo se muait en une infernale et gigantesque machine à produire des excréments. Elle n'avait pas faibli, et la quasi-totalité de la réserve étincelait de propreté (dans un sursaut de bonté, Théophile l'avait dispensée du Souterrain aux serpents).

Ludivine était venue lui prêter main-forte et la réconforter avec la promesse d'un double mojito au Fingers le soir même. Chère Lulu... Hélas, rien n'était parvenu à la dérider : ni cette perspective pourtant réjouissante, ni la vision de Phil se changeant dans les vestiaires communs, offrant son torse dénudé aux regards de ses collègues en pâmoison.

Elle n'avait même pas tenté de le frôler par inadvertance ou de le prendre discrètement en photo.

Et si Philie-sexy la laissait de marbre, alors l'heure était grave ! Une décision s'imposait : elle avouerait la vérité à Arsène.

Il la sauverait, remettrait Théophile dans le droit chemin et tout finirait bien. Peut-être qu'avec le temps, ce serpent visqueux ferait amende honorable et deviendrait son ami...

L'émotion était grande, ce matin, au moment où les jeunes gens ont échangé leur consentement, assistés de leurs témoins Arsène et Théophile Lafable. Ce dernier a pleuré à chaudes larmes, submergé par l'émotion de voir sa chère amie comblée. Un vin d'honneur sera servi à 17 heures à la mairie. Nous leur adressons tous nos vœux de bonheur.

Lisie soupira.

Même dans ses fantasmes les plus fous, la réconciliation paraissait hautement improbable...

Elle traversa le couloir à pas mesurés, cherchant une manière élégante d'amener la chose, mais tout ce qui lui venait en tête manquait cruellement de tact.

Arsène, Théophile m'a destituée de mes fonctions et m'a collé le nez dans les crottes. Loin de moi l'idée de te donner des ordres, mais tu dois à tout prix le renvoyer et si possible le renier. Est-ce que ça poserait un problème ?

Ou alors : *Arsène, Théophile est répugnant et me fait un chantage de folie : c'est un sombre pervers abruti. Est-ce vraiment ton fils ? Je veux dire, es-tu certain que ton sang coule dans ses veines ?*

Oui.

Bon.

Elle improviserait le moment venu.

— Entrez ! cria Arsène, lorsqu'elle frappa à la porte.

La voix de son protecteur bien-aimé paraissait enjouée et le moral de Lisie remonta d'un cran. Ces derniers temps, frustré par l'arrêt du tabac et par l'inactivité, il s'était montré plus d'une fois maussade et grognon : l'infirmière en chef sentait le déodorant bon marché, le médecin avait des tendances sociopathes et s'acharnait sur lui, l'agencement de la chambre insultait l'art du feng shui... Tout était prétexte pour ruminer et tempêter.

— Lisie, ma chère petite aigrette à plumes ! l'accueillit-il avec entrain.

Voilà qui changeait des mornes bonsoirs auxquels elle avait eu droit la semaine précédente !

Il trônait dans son lit, vêtu d'une chemise à pois bleu fluo et d'un nœud papillon rose. Sa moustache avait été taillée, et les boucles de ses cheveux gris encore touffus auréolaient son visage d'arabesques folles.

Jusque-là, rien d'inhabituel : il mettait un point d'honneur à apporter un peu de distinction à ce terne établissement. En revanche, la grande nouveauté, c'était la dame aux joues roses qui se tenait près de lui et le contemplait avec une adoration non dissimulée.

— Je te présente Yvonne, mon infirmière favorite et... l'élue de mon cœur.

À ces mots, sa compagne piqua un fard et gloussa de plaisir.

Incroyable...

Quel cachottier !

Il s'était bien gardé de lui en parler.

— Enchantée, la salua Lisie, qui peinait à contenir sa curiosité.

— Moi également ! Arsène m'a beaucoup parlé de vous ! Il paraît que vous faites des merveilles pour sa réserve !

Lisie se contenta d'acquiescer modestement et embrassa son vieil ami.

Il était méconnaissable, avec ses traits détendus et son expression franchement guillerette. Une véritable transformation en l'espace de cinq jours !

— Ne prends pas cet air éberlué ! Est-ce donc si improbable de voir un pirate comme moi amoureux ?

— Non, bien sûr que non ! Mais je suis tellement surprise ! Je n'avais jamais croisé Yvonne... C'est tellement soudain !

... Pour ne pas dire précipité... Et injuste ! Le troisième

âge parvenait à trouver le grand amour, alors qu'elle se retrouvait seule, trompée et misérable... Mais elle se garda bien de leur faire part du fond de sa pensée, cela aurait manqué de distinction.

— Yvonne est infirmière de nuit et a été affectée dans ce service il y a quelques jours, c'est pourquoi tu ne l'as jamais vue. La suite... Tu sais ce que c'est : le coup de foudre, les sentiments d'abord inavoués, les regards qui en disent long...

Non, elle ne le savait justement pas.

— Ensuite, nous nous sommes... Allons, allons, je suis bavard. Ce ne sont pas des choses qu'un vieil homme raconte à une demoiselle de bonne famille comme toi, se reprit-il, lançant une œillade coquine à sa dulcinée. En tout cas, sache que je suis officiellement en couple. S'il le faut, je me laisserai passer la bague au doigt pour la troisième fois.

Yvonne s'éventa et but une gorgée du verre d'eau posé sur la table de chevet. C'en était trop pour elle, apparemment. Si Arsène ne stoppait pas son boniment, elle allait défaillir.

Nora aurait approuvé. Tout y était : la complicité joyeuse, l'émotion plus que palpable, les projets d'avenir...

Lisie était persuadée qu'ils avaient les mains moites et le cœur qui battait follement.

Pas de doute, elle contemplait la Véritable Passion.

— Félicitations...

Elle eut conscience du peu d'entrain qu'elle manifestait, mais elle était incapable de mieux. À vrai dire, si l'enthousiasme d'Arsène lui faisait chaud au cœur, elle ne pouvait ignorer le soupçon d'aigreur qui montait en elle comme de la bile.

Pourquoi cela n'arrivait-il qu'aux autres ? C'était d'une injustice !

Elle se morigéna aussitôt : Arsène, l'être le plus gentil à sa connaissance, méritait son bonheur.

Elle lui devait absolument tout.

Si elle ne l'avait pas rencontré, il y avait à présent six ans, qu'aurait-elle fait ?

À vingt ans, elle ne savait toujours pas ce qu'elle ferait de sa vie et en était au stade « serveuse dans un bar branché ». Si les consommations à l'œil étaient un grand avantage de la profession, elle ne comptait pourtant pas faire carrière dans le milieu. Ce matin-là, elle venait de plaquer définitivement le loser avec qui elle sortait depuis son emménagement à Montpellier et errait sans but, un pain au chocolat réconfortant dans la main, quand elle se retrouva devant la fameuse réserve africaine du richissime M. Lafable. Elle n'avait jamais pris le temps de la visiter et se décida à entrer, sur un coup de tête. Elle ne commençait son service au Fingers qu'en fin d'après-midi, ce qui lui laissait largement le temps d'en faire le tour complet.

Lorsqu'elle pénétra dans le zoo, elle fut enchantée par les odeurs, les couleurs et la géographie des lieux, dans lesquels les animaux vivaient en semi-liberté. La végétation était luxuriante et les employés vaquaient paisiblement à leurs occupations, enthousiastes, souriants (et sexy, si elle se fiait au vigile à l'entrée). L'harmonie semblait totale : même Tyson aurait été zen.

Au bout d'une heure de marche, ses pieds crièrent au scandale dans ses escarpins. Pourquoi n'avait-elle pas enfilé une paire de baskets ?

Elle avisa un banc sur lequel était nonchalamment assis un vieil homme. Il portait la cravate la plus psychédélique du monde et déclamait du Verlaine à une tourterelle posée sur son épaule, tout en fumant un monstrueux cigare.

— Alors, mon petit, on promène son désespoir ? lui demanda-t-il, après l'avoir observée attentivement.

— On tente de l'oublier, plutôt.

Elle avait besoin de parler, alors elle s'installa à ses côtés et se lança dans le grand déballage de printemps :

son désintérêt croissant pour les études, l'insistance de ses parents pour qu'elle suive une filière « normale » et aille à la fac, son refus, son job de serveuse, ses amourettes ratées...

Un vrai roman-fleuve.

Lorsque, à bout de souffle, elle conclut son récit, il lui sourit et lui proposa tout simplement de l'engager.

L'essai se transforma en un emploi à temps plein, le temps-plein en un poste de directrice de la communication et des opérations de marketing du zoo.

Bref, elle avait vécu sur un petit nuage jusqu'à ce que Théophile, ses points noirs et ses grosses fesses débarquent.

Satané fils de hyène...

Vermine de la plus basse espèce...

Chacal de...

— Hé ! La mouette ? Tu rêves ?

— Excuse-moi, Arsène, j'avais la tête ailleurs. Dure journée.

— As-tu enfin croisé le fer avec ce petit saligaud de Jo ?

— Penses-tu ! Il n'a pas daigné montrer le bout de son nez. Mais ne t'inquiète pas, il devrait bientôt venir récupérer ses affaires : j'ai ses charentaises en otage...

— L'imbécile ! Délaisser un canari pimpant comme toi ! Il mériterait une bonne leçon. Crois-moi, si je l'avais en face, je le souffletterais, je lui rabattrais son caquet de jeune freluquet, je...

Il devenait dangereusement écarlate et un bip discret se fit entendre.

— Calme-toi, chéri, lui souffla Yvonne.

— Tu as raison. Changeons de sujet avant que mon cœur ne nous claque dans les doigts. Je maintiens cependant que tu devrais agir, Lisie : il ne peut s'en tirer si aisément !

Yvonne fronça les sourcils.

— Oui, oui, parlons d'autre chose, concéda-t-il, l'air contrit. Comment va mon cher zoo ?

Abomination !

L'heure de l'horrible confession avait sonné. Lisie hésita, songeant à la déception qu'elle allait lui infliger : il ressentait une telle joie d'avoir ce fils habituellement distant à ses côtés... Il tomberait des nues, lorsqu'il découvrirait son véritable visage.

Mais le ramassage de crottes...

Ce n'était vraiment plus possible.

Elle se donna un coup de pied mental aux fesses et attaqua.

— Je voulais justement t'en parler. Voilà, depuis que Théophile a pris ta place...

— On parle de moi ? Un compliment, j'espère !

Non...

Ce n'était pas vrai !

Que faisait-il là ?

Il avait un sixième sens ou quoi ?

Coup classique : les méchants développaient toujours des super-pouvoirs, alors que les gentils se voyaient condamnés à lutter avec pour seule arme leur courage hors norme.

Théophile entra dans la chambre, et son corps de pachyderme occupa presque la moitié du périmètre.

Il s'était collé un sourire affable sur les lèvres mais, après avoir embrassé son père et fait quelques risettes courtoises à Yvonne qui se présentait, il lança à Lisie un regard lourd de menaces. Arsène, trop occupé à contempler l'élue de son cœur, ne s'aperçut de rien.

— Mon garçon, tu tombes bien. J'attendais ta visite pour vous annoncer la grande nouvelle ! Ma sortie triomphale est prévue pour très bientôt. À cette occasion, Yvonne, ma fleur bleue, mon bouquet tropical, ma lune bleutée et moi-même nous octroierons deux semaines de vacances à Ibiza. Le sable brûlant et les plages paradisiaques, c'est tout ce dont un vieux jeune couple d'amoureux a besoin. Pourrez-vous vous charger encore un peu de la réserve sans moi ?

— Excellente idée, père ! Merveilleuse initiative ! Tu peux partir en toute tranquillité, je veille au grain. Lisie et moi formons une équipe de choc. Nous sommes désormais inséparables.

Dans un élan d'amitié feinte, il la prit par les épaules, mais sa main l'agrippait à la manière d'une serre de vautour.

Il fallait qu'elle agisse et empêche cela. Elle ne tiendrait pas une journée de plus aux ordres de ce sanglier sans finesse. Elle deviendrait folle.

MACABRE DÉCOUVERTE

Le corps de Théophile Lafable, fils du célèbre Arsène Lafable, a été retrouvé hier matin enseveli sous deux tonnes d'excréments d'éléphants. Une employée du zoo s'est présentée au commissariat pour avouer son crime. Elle dit avoir agi « à cause de la pression constante infligée par son patron » et affirme qu'elle « assumera toutes les conséquences de son acte ». Elle est actuellement en garde à vue dans l'attente du procès, qui se déroulera le 16 août prochain.

Du courage, que diable ! Il en allait de sa santé mentale et de sa liberté.

— Arsène, je voulais te dire...

Il tourna vers elle un visage extatique.

Elle hésita.

Était-elle vraiment capable de lui infliger cela ?

S'il prêtait foi à ses accusations, tel qu'elle le connaissait, il reprendrait immédiatement les rênes du zoo et oublierait sa petite escapade romantique. Yvonne se sentirait délaissée et une terrible querelle les séparerait à jamais.

Tout cela était tellement anti-Nora Roberts...

Briser une romance naissante ?

Non, elle ne pouvait s'y résoudre, même si elle les jalousait à mort.

— Je voulais te dire que tout roule à merveille. Je suis ravie pour toi et tu peux partir en toute sérénité. Nous nous chargerons de la réserve.

Ce mufle de Théophile la regarda avec l'air satisfait d'un petit officier ayant réussi à mater son soldat le plus rebelle.

Serpent venimeux.

Il fallait qu'elle s'éclipse ou elle lui sauterait à la gorge. Elle fit mine de regarder sa montre.

— Je ne peux rester plus longtemps : j'ai rendez-vous avec Ludivine. Je vous laisse en famille. Arsène, je reviendrai te voir très vite.

Fuir, très loin, fuir !

Lorsqu'elle embrassa son vieil ami, il la retint par la main et plongea son regard dans le sien.

— Tu es sûre que tout va bien, canaille ? Je te trouve bien sombre, pour un perroquet des îles.

— Ne t'inquiète pas. Je suis seulement fatiguée. Enchantée de vous avoir rencontrée, Yvonne. Théophile, ajouta-t-elle avec un signe raide de la tête.

Arsène la fixa encore quelques secondes et la laissa partir, tapant dans le dos de son fils, puis se tournant vers sa conquête avec un regard rajeuni de vingt ans.

Le Fingers était bondé : l'apéro-karaoké battait son plein.

Lisie aperçut Ludivine, qui lui adressait de grands signes de la main. Elle la rejoignit, s'affala sur la banquette et s'empara avec gratitude du verre que cette dernière lui offrait.

— Ton double mojito, très chère. Il n'attendait que toi. Comment va Arsène ?

Elle devait crier pour se faire entendre. Au micro, un petit homme à lunettes s'époumonait sur un air de Nirvana et un groupe d'adolescents s'était lancé dans un pogo effréné.

— Figure-toi qu'il a rencontré la femme de sa vie, une infirmière nommée Yvonne... Dès sa sortie, ils s'accorderont deux semaines de vacances en amoureux à Ibiza.

— Non ? Incroyable ! Je suis heureuse pour lui... Mais...

— Oui, ça signifie que nous sommes condamnées à supporter Big Porc encore un moment.

— J'en déduis que tu ne lui en as pas parlé. Qu'est-ce que tu attends, enfin ?

— Franchement, tu me voyais lui raconter mes malheurs, alors qu'il est sur un petit nuage ? Je suis persuadée qu'il annulerait ses projets et je ne veux pas lui gâcher la vie. Deux semaines de plus ou de moins à la sauce Chefaillon, au point où j'en suis...

Ludivine souffla.

— Allez, cul sec, ma vieille ! Oublions-le pour la soirée et amusons-nous ! J'ai vu une femme splendide et j'en ferais bien mon quatre-heures. Regarde, là-bas !

Lisie scruta la foule et la trouva. Très belle, effectivement, mais il y avait en elle quelque chose de curieusement familier et déplaisant.

— Oui, magnifique, approuva-t-elle tout de même. Ceci dit, ce soir, interdiction de draguer. Tu as pour mission de distraire ta meilleure amie !

— Mais me voir à l'œuvre lorsque je drague EST une distraction, non ?

— Je t'arrête tout de suite, c'est d'un ennui mortel : je connais tes procédés par cœur. En guise de consolation, dis-toi que je te fais gagner du temps. Si tu y allais et que tu sortais le grand jeu, elle succomberait, ce serait l'amour fou pendant trois semaines, puis tu la laisserais tomber comme une vieille chaussette. Parfois, je me demande si tu n'es pas un mec.

— Une femme libérée, nuance... Mais tu as raison, ce soir, je suis là pour toi. Karaoké tout à l'heure ? Je nous ai inscrites.

— Bonne idée ! Sur quel morceau brillerons-nous ?

— Tu poses la question ?

— *Respect* ! clamèrent-elles à l'unisson.

— Nous passons dans vingt minutes ! Nous devons tout donner et faire encore mieux que la semaine dernière : une table pour deux chez Divine à la clé !

— Fais-moi confiance, l'applaudimètre va exploser. J'ai envie de me détendre, de tout oublier. Je jure solennellement de m'amuser comme une folle !

— À vos ordres, chef ! Je vais...

Ludivine s'interrompit. Son visage blêmit et elle prit un air embarrassé.

— Oh non ! Pas lui !

— Quoi ?

— Je suis désolée...

— Comment ?

— Ne te retourne surtout pas...

Lisie pivota aussitôt : Jo s'approchait de la charmante brunette dont Ludivine vantait les mérites deux minutes plus tôt. Il l'enlaça, dans un geste possessif et passionné.

— Pas elle ! s'exclama Ludivine.

La nouvelle conquête de Jo... Celle qui s'égosillait à poil sur ses draps de soie. Habillée et silencieuse, elle ne l'avait pas reconnue... Pas tout à fait...

Comment son ex osait-il se pointer dans SON bar préféré et y étaler sous ses yeux sa vie amoureuse apparemment épanouie ?

C'était le pompon.

Ludivine essaya de la retenir, en vain, et un verre se brisa lorsque Lisie quitta précipitamment la table, fulminant.

— Ravie de tomber sur toi, Jo ! Mademoiselle... Nous nous sommes déjà vues. Vous n'aviez pas les idées claires, étant en plein orgasme dans mon lit, mais vous vous souvenez peut-être de moi ? L'ex de Jo, celle qu'il a trompée sans vergogne avec VOUS.

Elle avait haussé le ton et les clients des tables voisines n'en perdaient pas une miette.

Tant pis.

Elle pouvait même hurler : après tout, c'était elle, la victime, dans cette sordide affaire !

Visiblement gênée, la brunette rougit comme une pivoine et jeta un coup d'œil affolé à Jo qui se contenta de lui sourire avec flegme.

— Voyons, Lisie, calme-toi, tu te donnes en spectacle... Tu souhaites vraiment te ridiculiser ? lui demanda-t-il, avant de croquer une chips.

Elle aurait voulu la lui faire avaler par les trous de nez.

Ce ton condescendant ! Cette nonchalance !

Il avait toujours été légèrement prétentieux, mais là, on atteignait des sommets.

Pour qui se prenait-il ? Il ne se donnait même pas la peine de prendre un air contrit...

— Je suis dans MON bar ! Je fais ce que je veux !

— Techniquement, ce n'est pas ton bar...

Et cette insupportable manie d'être tatillon !

Lisie bouillait.

Ludivine avait raison, elle ne l'avait jamais aimé. En fait, tout, en lui, l'agaçait... Absolument tout !

— Techniquement, ce n'est pas ton bar, l'imita-t-elle.

La repartie était pitoyable, mais la colère lui ôtait toute habileté à la joute verbale.

— Ce que tu peux être puérile, ma pauvre Lisie. Pourquoi tant de haine ? Tu devrais accepter la situation. Je sais que tu m'aimes follement, mais nous n'étions pas faits pour être ensemble. Au fond de toi, tu en as conscience...

Il lui tapota la tête.

Il OSA lui tapoter la tête, comme il aurait flatté un vulgaire petit caniche en colère !

— Je n'ai jamais été folle de toi ! Tu sentais l'ail ! Tu ronflais ! C'est ta malhonnêteté qui...

— Lisie, Lisie, Lisie..., soupira-t-il. La rage t'aveugle. Un jour, quand tu auras mûri, tu comprendras...

— Je n'ai aucun problème de compréhension, merci bien ! Tout ce que je veux, c'est que tu récupères tes affaires et que tu foutes le camp de ma vie !

— Tu peux tout jeter. Je suis un homme nouveau, je n'ai besoin de rien.

— Même pas de tes charentaises ? Elles ne te manquent pas, tes foutues charentaises à carreaux ?

C'était bas, mais elle pouvait bien se permettre de le ridiculiser un peu. Il avait dû cacher son addiction aux pantoufles à sa donzelle.

— Je ne mets plus de charentaises. Annette m'a converti aux tongs.

Quoi ?

Il avait abandonné ses immondes fourre-pieds ?

Pour cette fille ?

Par amour ?

Elle ne trouva rien à répondre. Sans lui prêter plus d'attention, Jo se détourna alors pour prendre la greluche dans ses bras.

Non ! Ce n'était pas fini. Il ne s'en tirerait pas ainsi !

Elle le tira par la manche, mais il la chassa d'un geste, comme une poussière importune.

Goujat.

Et dire qu'Arsène lui avait conseillé de donner une bonne leçon à ce vil traître... Voilà que c'était elle qui se faisait moucher !

— En plus, ta nouvelle nana, elle a un gros bouton mal camouflé sur le menton.

Oui, c'était pitoyable. Oui, c'était moche, mais c'était

vrai : elle avait plâtré le fard avec une tonne de fond de teint orangé. De près, ce n'était pas beau à voir...

— En fait, ce n'est pas un bouton, rectifia Annette, en lui lançant un regard apitoyé. Je travaille bénévolement à la construction d'hébergements pour les sans-abri. Je me suis blessée avec un quéron.

Non...

Lisie allait mourir, là, tout de suite.

Cette perfection horrible !

Cette absence intolérable de défauts !

Jo lui rit au nez, méprisant.

Elle allait le ratatiner, le...

— Laisse tomber ce moins que rien, poupée. Il n'en vaut pas la peine, lui conseilla un homme accoudé au bar.

Moment d'intense réflexion...

Oui, il avait raison. Jo et sa brunette l'ignoraient de nouveau et s'embrassaient goulûment. Cela ne servait à rien d'insister : elle était vaincue.

En guise de consolation, elle commanda non pas un double mais un triple mojito et retourna s'asseoir, complètement dépitée.

— Je n'y crois pas ! Jo ici ! s'indigna Ludivine. Qu'est-ce que tu lui as dit ? J'ai vu que ça chauffait !

— Moi ? Pas grand-chose. En revanche, lui m'a dit de jeter ses affaires. Il ne porte plus de charentaises et il a trouvé l'amour.

Ludivine la regarda, l'air désolé.

— Bois, lui dit-elle. Ce soir, c'est taxi...

Avant qu'elle puisse en dire plus, la voix tonitruante du DJ se fit entendre.

— Les Feux sensuels sont appelées au micro ! Suite à leur succès de la semaine dernière, elles vont interpréter ce soir *Respect* ! Applaudissons-les bien fort !

Lisie finit son verre d'un trait, s'empara de celui de Ludivine, le vida également, et monta sur scène. La tête commençait à lui tourner et elle titubait légèrement.

La foule s'agglutina à leurs pieds, brochette de fans à l'avant : c'est vrai que leur dernière prestation en date avait été ébouriffante.

Les premières notes de *Respect* résonnèrent et Lisie ne put s'empêcher de se tourner vers Jo : il la contemplait avec un air de commisération qui la fit frémir.

Elle eut alors une idée lumineuse.

Elle n'avait pas encore dit son dernier mot.

Non mais !

Ensuite, elle lui ficherait la paix, ils seraient quittes.

Elle s'approcha du DJ pour lui chuchoter quelques mots ; il hocha la tête et changea de CD.

Ludivine haussa un sourcil interloqué.

— *Fuck You*, de Lily Allen ? Tu es vraiment sûre ? demanda-t-elle, son regard faisant d'incessants allers-retours entre Jo et elle.

— Oui, ne t'inquiète pas, cette chanson, je la sens. Je la vis. Allez, c'est parti !

Elle se déhancha férocement et la foule applaudit chaudement à l'initiative. L'esprit Bête de scène entrait en elle !

Elle entama le premier couplet avec conviction, sans lâcher Jo des yeux...

Look inside,
Look inside your tiny mind
Then look a bit harder
Cause we're so uninspired

... Pour ensuite se lancer dans une chorégraphie complexe à base de roulements de fessier. Les spectateurs sifflèrent d'admiration. Leur ferveur l'enhardit ; elle accéléra le mouvement et atteignit une cadence infernale.

Ludivine prit le relais, alors qu'elle se trémoussait comme une dingue.

The hatred you harbor,
So you say
It's not okay to be gay,

Well I think you're just evil
You're just some racist
Who can't tie my laces,
You're point of view is medevil.

L'auditoire tendait les mains vers elles et, prise d'une inspiration subite, Ludivine déchira son T-shirt et le lança sur un jeune homme ébahi.

Lisie enchaîna avec le refrain, pointant un doigt vengeur en direction de Jo. Comme un seul homme, le public se tourna vers lui.

Fuck you ! Fuck you,
Fuck you very, very muuuuuuuch !

Il rougit violemment, se dandina, gêné.

Ah !

Enfin !

— Tous ensemble ! hurla-t-elle.

Comme dans ses rêves de comédie musicale les plus fous, la foule l'imita en s'avançant vers Jo.

En rythme !

Fuck you, fuck you,
Fuck you very, very muuuuuuuch
Cause we hate what you do
And we hate your whole crew
So please don't stay in touch !

C'était tellement merveilleux...

Sentant le danger, Jo prit sa compagne par la main et lui fraya péniblement un chemin vers la sortie.

Quoi ?

Non !

Il DEVAIT rester jusqu'à la fin ! Vite, il fallait trouver quelque chose...

Sans réfléchir une seconde de plus, s'égosillant toujours, elle ôta sa chaussure et la lança de toutes ses forces en direction de Jo.

Oui ! Atterrissage immédiat sur son nez !

Toute sa gratitude alla alors à M. Luduc, son professeur d'EPS au lycée : il l'avait initiée au tir à l'arc, et son talent était apparemment resté intact.

Interloqué, Jo se frotta le nez douloureusement en lui lançant une œillade assassine.

Elle tenait sa revanche.

Pour fêter cela, elle s'époumona plus énergiquement, relâcha ses cheveux et les balança en avant, en arrière, en avant, en arrière...

Bête de scène.

So please don't stay in touch ! ! ! ! !

Euphorique, elle tenta un slam final, se jetant de scène de manière tout à fait spectaculaire. Elle fut transportée de main en main jusqu'à ce que sa poitrine atterrisse dans les bras d'un malotru qui en profita pour s'y attarder lourdement. Elle se débattit pour repousser le pervers, fut déséquilibrée et tomba lourdement au sol.

Non ! Le slam ne pouvait être rompu !

Elle se devait d'offrir à ses fans un final grandiose.

Elle s'accrocha à un charmant garçon aux bras scandaleusement musclés qui la hissa sur son épaule et la transporta jusqu'au malheureux couple de traîtres. Pile-poil ! Juste avant qu'ils n'atteignent la sortie !

Le DJ coupa le son et un lourd silence s'abattit sur la salle. Lisie sauta à terre et ramassa son escarpin, dont le talon avait disparu dans la bataille.

— Et que je ne te voie plus ici, bougre d'abruti ! tonna-t-elle, le menaçant de sa chaussure.

Le public applaudit à tout rompre.

Complètement affolés, Jo et la brunette s'échappèrent en courant.

Quelle libération !

Quel succès !

Elle s'était montrée totalement immature, mais le jeu en valait vraiment la chandelle !

Elle fit un salut exubérant et rejoignit Ludivine, qui se tordait de rire sur scène.

— C'était du grand art ! Ah ! Le DJ va annoncer les résultats...

— J'ai maintenant l'honneur de vous dévoiler le nom de l'équipe gagnante. Aucun doute ce soir... Bravo aux... Feux sensuels !

Lisie exulta. Elle avait conquis son auditoire, s'était octroyé une sympathique petite vengeance, et si Théophile continuait à la tyranniser, un brillant avenir de chanteuse s'ouvrait à elle.

ÉTOILE MONTANTE

Lisie Para, Liz, pour ses fans, sera en concert samedi prochain au Zénith de Paris. Une belle ascension pour cette Montpelliéraine qui a fait ses premiers pas dans des petits bars locaux. La star a d'ailleurs su rester simple : « Je n'oublie pas mes premiers fans et j'embrasse plus particulièrement ceux qui ont assisté au karaoké qui a changé ma vie. J'y ai perdu une paire d'escarpins, mais trouvé ma voix, mon destin, ma passion », nous a-t-elle confié avec un charme désarmant. Pas de doute, la voilà partie et rien ne l'arrêtera !

Que c'était bon d'avoir des perspectives de carrière !

Le DJ se remit aux platines.

— Allez, on met le feu ! clama-t-elle, entraînant Ludivine vers la piste de danse.

Elles éclatèrent de rire.

La nuit était à elles.

3. Fourrure, retrouvailles et gueule de bois

Lisie ouvrit difficilement un œil, puis l'autre, et gémit. On aurait dit que les sept nains, armés de leurs petites pioches infernales, s'étaient invités dans son crâne et tapaient joyeusement sur les parois. Elle se redressa, se massant les tempes, évaluant la douleur. Sur une échelle de dix, elle se situait à vingt, conséquence désastreuse d'une soirée inoubliable. Elle avait dansé, bu une infinité de verres offerts par des fans en délire et son ego atteignait ce matin des sommets... tout comme sa migraine.

Elle se tourna mollement vers le réveil et les battements de son cœur s'accélérèrent.

Non !

9 h 30 !

Elle était affreusement en retard ! Pourquoi cette stupide alarme n'avait-elle pas sonné ? Elle vérifia le rappel, mais tout était parfaitement réglé. Elle n'avait tout simplement rien entendu...

Repoussant le drap, elle se coula hors du lit en évitant tout mouvement brusque : les nains cognaient toujours sans faiblir.

Théophile allait la trucider ou pire, se venger... Il fallait qu'elle s'active pour minimiser les dégâts. Un passage éclair dans la salle de bains, un café...

Non, pas le temps de boire sa drogue matinale.

Elle passerait par le boulevard Gambetta, évitant ainsi les embouteillages, et serait au zoo en une vingtaine de minutes.

Malgré l'affolement, son reflet dans le miroir la fit glousser : coupe de cheveux surréaliste, visage consternant. Sur ses joues, des traces de drap lui donnaient l'air de Grabo, le zèbre de la réserve.

Minimiser les dégâts...

Elle tenta un rinçage à l'eau froide doublé d'une application minutieuse de crème antipoches, mais rien n'y fit. Elle allait poursuivre la manœuvre avec son antiride des mauvais jours, quand son portable, posé sur le lavabo, attira son attention. Il clignotait frénétiquement.

8 heures :

Tu arrives ? J'ai ton café sur les bras !

8 h 15 :

Théophile est là. Il s'impatiente et n'arrête pas de gonfler les joues. Il en serait presque terrifiant, s'il ne ressemblait pas autant à un hamster. Hi ! Hi ! Hi ! Dépêche-toi !

8 h 45 :

Lisie, réveille-toi ! Il est définitivement en colère. Il ne va pas te rater !

Les textos de Ludivine l'incitèrent à accélérer le mouvement.

La veille, elle avait oublié d'enlever ses lentilles. Cela lui donnait l'air d'un lapin atteint de myxomatose, mais il fallait voir le verre à moitié plein : c'était un gain de temps non négligeable.

Absorption de Nurofen, queue-de-cheval attachée à la va-vite, lavage de mains collantes... et elle se précipita dans l'entrée, bousculant au passage Aristote, le chat, qui la toisa avec froideur. Elle lui souffla un baiser, se rendant compte du même coup avec horreur qu'elle avait une haleine de chacal. S'adresser aux gens de loin ne serait pas une option.

Hop ! Clefs de voiture, ascenseur, parking...

Et... pas de voiture... Sa Peugeot brillait par son absence.

La fin de la soirée lui revint alors vaguement en tête : Ludivine, accompagnée d'une grande rousse, la mettant dans un taxi... Elle-même, braillant qu'elle surpassait largement Britney Spears... Son escarpin cassé brandi sous le nez du chauffeur qui ne cessait de répéter « *No comprendo francese* », alors qu'elle lui racontait en détail la formidable épopée du karaoké...

Bien sûr, sa voiture était restée garée devant le Fingers.

Théophile ne se contenterait pas de la trucider, il la crucifierait !

Elle reprit l'ascenseur, fila le long des rangées de portes du premier étage et frappa chez Anna et Reno, ses voisins.

Ce dernier lui ouvrit en caleçon, un livre de Stendhal dans une main, un café fumant dans l'autre.

— La tête de déterrée !

Il savait parler aux femmes, lui...

— Ton vélo, Reno ! Pas le temps de t'expliquer.

— Quoi, mon vélo ? Même pas bonjour, ni comment vas-tu, Reno, en cette belle matinée d'été ? Tu n'entreras pas avant de m'avoir salué en bonne et due forme. Allez, un petit bisou, on se dépêche !

Ce qu'il était pesant, parfois !

Lisie lui colla brusquement un baiser sur la joue qu'il se frotta, secouant la tête, avant de poursuivre :

— Un uppercut. Les femmes d'aujourd'hui... Si sauvages...

Elle n'avait pas le temps de débattre sur l'évolution de la notion de féminité. Elle le poussa sans ménagement, bondit dans l'appartement et salua rapidement Anna qui était plongée dans la lecture de *Wedding Days.*

Quoi ? Elle allait se marier ?

À creuser, mais plus tard...

Elle s'empara du VTT posé dans un coin du salon et fila à toute vitesse.

— Je t'en prie ! lui cria Reno d'un ton indigné, alors qu'elle se jetait dans l'ascenseur.

Elle pédala comme une forcenée jusqu'au zoo, tentant d'oublier son mal de tête et la petite voix qui lui chuchotait que Théophile l'attendait de pied ferme, fomentant une vengeance à la hauteur de sa fourberie.

Après avoir déraillé trois fois, manqué de renverser une poussette et s'être fait insulter par un vieillard qui traversait sans regarder, elle arriva enfin devant les grilles.

Théophile l'attendait, appuyé contre.

Avant d'attaquer, il prit le temps de lui cracher la fumée de son cigare au visage. Lisie réprima un haut-le-cœur. La joie sauvage qu'elle décelait sur son visage n'augurait rien de bon...

— Mademoiselle Para, vous êtes en retard. Affreusement en retard. De deux heures, huit minutes et cinquante-quatre secondes. Et... vous êtes moite.

Il se paya même le luxe de prendre un air répugné.

Il pouvait causer ! Il ne suait peut-être pas, mais dès qu'il bougeait la tête, un nuage de pellicules s'abattait en pluie sur ses épaules. Certaines atterrissaient même dans les poils qui dépassaient de son col de chemise.

Berk.

Si elle ne cessait pas immédiatement de les observer, d'ailleurs, elle rendrait tout ce qu'elle avait bu sur les mocassins vernis de Chef-le-lépreux : un litre de vodka.

— Oui, désolée, je...

— C'est absolument inadmissible ! Que ça ne se reproduise plus, vous m'entendez !

— On m'a volé ma voiture et...

— Pas d'excuses minables ! Suivez-moi, je vais vous donner les instructions pour la journée. Vous allez vous amuser comme une petite folle !

Que lui avait-il réservé ?

S'il l'envoyait de nouveau aux crottes, elle démissionnerait illico.

— Que comptiez-vous dire à mon père, hier ? lança-t-il en la prenant soudain par le bras, alors qu'ils s'engageaient sur le discret sentier sinueux qui menait au bâtiment du personnel.

— Rien. Absolument rien.

— Vous alliez gémir sur votre pauvre sort ? Vous savez pourtant qu'il ne tient qu'à vous d'améliorer la situation !

— Je vous répète encore une fois que je ne dînerai pas avec vous. Est-ce que nous allons avoir la même conversation tous les jours ? Ne craignez-vous pas que je porte plainte pour harcèlement ?

— Et moi que je vous renvoie sous un prétexte quelconque ?

Il était ridicule.

— Vous n'en avez pas le pouvoir, c'est Arsène le décisionnaire.

— Grossière erreur ! Hier, il m'a donné toute latitude pendant son absence.

Il mentait ! Arsène ne pouvait avoir fait cela !

— Certainement pas celui de me virer. Écoutez, tout ça est absurde. Rendez-moi mon poste. Nous avions mis en place des projets qui n'attendent que d'être finalisés. Ce soir, je dois notamment me rendre à la soirée d'inauguration de La Voile bleue pour y présenter le Zoo-cocktail.

Sa tirade lui avait demandé un effort surhumain.

Comme elle regrettait l'ultime vodka-pomme *prise pour la route* ! Et toutes les autres avant...

— Vous n'irez nulle part, j'ai annulé votre intervention, rétorqua Théophile avec un rictus diabolique.

Il était complètement dingo !

— Quoi ? Comment avez-vous pu ? Ne souhaitez-vous pas que la réserve fasse des bénéfices, développe son activité ? C'est nécessaire, vital ! Nous avons besoin de fonds supplémentaires pour développer l'Île des Tropiques et offrir une famille à Dandy-Gérald !

— Ce tigre capricieux ? Allons donc... Il n'a pas besoin de partenaire, il vit très bien ainsi.

— C'est faux : il est abattu et sombre dans la dépression...

— Vous n'avez qu'à lui créer un profil sur Meetic !

Tigre du Bengale adulte, bien dans sa peau mais esseulé, cherche féline sensuelle et sérieuse, souhaitant une vraie relation, pour combler l'énorme vide dans son cœur. Dur en apparence, mais véritable sucre d'orge à l'intérieur, il vous fera passer d'inoubliables moments. Vous vous sentez seule au fin fond de votre savane ? Vous souhaitez une vie rangée, une nourriture quatre étoiles dosée à la perfection par une équipe de soigneurs aux petits soins, mais surtout vous rêvez du Big Big Love ?

Envoyez un portrait couleur format A4 à la réserve africaine de M. Lafable, BP 4012, Montpellier, Cedex 5 (tigresses volages s'abstenir).

Pour une fois qu'une idée intéressante émanait de ce gros Rat Puant...

— Arrêtez de rêvasser ! lui dit-il en lui donnant un coup de coude. Allez, entrez !

Ils étaient arrivés.

— Vous ferez donc la présentation à ma place ?

Elle refusait de croire que son travail serait balayé d'un revers de la main.

— Non. Ça ne sera pas nécessaire. J'ai d'autres projets bien plus fructueux dont vous n'avez pas à vous préoccuper. Vous n'êtes qu'une simple employée, ici. Allez, on s'active !

Fructueux ? De quoi parlait-il ? Quelle idée saugrenue avait germé au fin fond de son cerveau en manque de neurones ?

Ils étaient dans la salle des plannings et Lisie observa le grand tableau blanc. Lorsqu'elle trouva son nom, la rage faillit l'étouffer.

Il ne pouvait pas lui faire cela ! C'était un travail réservé aux étudiants saisonniers ! Aux débutants !

Sale babouin de chefaillon ridicule.

Théophile guettait sa réaction. Elle avait dû blêmir, car il ricana férocement avant de quitter la pièce.

Alors là !

ALORS LÀ !

Elle attrapa le sac de blanchisserie posé sur son casier en se promettant de se venger. Il ne perdait rien pour attendre ! Après tout, elle avait mis Jo au tapis. Elle ferait de même avec ce vil décérébré.

Il lui suffisait d'attendre son heure : le moment venu, elle découvrirait son petit projet secret et le mettrait à mort, tel un torero aguerri.

Il ne verrait rien venir.

— Au travail ! Vous êtes en zone deux, Parc de la brousse. Toute la journée ! lui cria-t-il en s'éloignant.

Lisie baissa la fermeture Éclair et tira du sac un épais costume d'ours en fourrure.

Elle allait littéralement mourir de chaud là-dedans. Il voulait la tuer, ou quoi ?

Elle lança rageusement la combinaison par terre, mais sans personne pour admirer cet audacieux geste de rébellion, cela ne servait pas à grand-chose. Résignée, elle la ramassa et l'enfila. Immédiatement, une bouffée de chaleur lui brouilla la vue et son cœur se mit à tambouriner dans sa poitrine.

Allait-elle finir clouée sur un lit d'hôpital, comme Arsène ?

Elle aussi aurait peut-être l'occasion de rencontrer un infirmier sexy qui prendrait soin d'elle... Pour la vie... Dans la joie et dans la peine... Pour toujours et à jamais...

Moui.

Avec sa chance, elle tomberait sur une aide-soignante grincheuse à moustache...

Elle but un grand verre d'eau.

Elle devait y aller. Si elle refusait, Théophile se débrouillerait pour la renvoyer et elle ne pourrait pas le piétiner, le ratatiner, le pulvériser.

Respiration. Une, deux. Yoga.

Visualisation d'un igloo en Antarctique.

Elle pouvait le faire.

Quand même... Il ne fallait vraiment pas être claustrophobe pour supporter ce truc. Une seule ouverture était ménagée pour les yeux ; tout le reste de son corps se trouvait enfoui sous la fourrure. C'était pire que de bronzer sur une plage à Honolulu.

Résiste ! Prouve que tu exiiiiiistes !

Ce serait son mantra de la journée.

Ce fut Romain, le soigneur des singes, qui l'accueillit lorsqu'elle atteignit enfin son but après de nombreuses pauses : marcher sous cette chaleur était suffocant... et d'un pénible ! Chaque fois qu'elle enlevait sa tête d'ours pour respirer un peu d'air frais, elle devait s'assurer qu'aucun enfant ne se trouvait à côté, histoire de ne pas casser le mythe de Starsky, l'ours parlant du zoo. Son crâne la faisait toujours souffrir et elle infusait littéralement.

Une véritable torture.

— Ma pauvre Lisie ! J'ai vu que Théofion t'a collée à l'animation enfants... Quelle poisse ! N'hésite pas à venir te rafraîchir à l'intérieur. J'ai du Coca...

— Merci, tu es un amour. La journée va être longue.

Le déguisement l'étouffait et son corps ruisselait. Elle se jura de ne plus racheter de *Nivea spray condition extrême, résistance quarante-huit heures* : il était d'une inefficacité confondante.

— Pour toi, poursuivit Romain, en désignant une famille qui déambulait non loin de là. Bon courage !

Résiste, prouve que tu exiiiiiistes !

Sans une once d'entrain, elle alla à la rencontre de la petite morveuse qui courait déjà dans sa direction.

— Bonjour, bonjour, ma chère petite ! Bienvenue à la réserve ! Veux-tu que je danse pour toi la danse de Starsky ?

Elle avait pris une voix caverneuse, la moins engageante possible, et adopta une position d'attaque, histoire de lui couper la chique.

Si Dieu existait et exauçait les vœux, la gamine serait traumatisée, se précipiterait dans les jambes de ses parents avec un hurlement de terreur : ils fuiraient, jurant de ne jamais revenir, et elle pourrait tranquillement s'enfiler un Coca dans la réserve de Romain.

— Ouiiii ! Maintenant ! ! ! glapit la fillette en lui donnant un coup de pied.

Sale petite chipie !

Lisie s'apprêtait à riposter d'un coup de patte bien senti quand les parents approchèrent, l'obligeant à suspendre son geste : il ne manquerait plus qu'on l'accuse de violence sur mineur !

— Starsky l'ours ! crièrent-ils en chœur. Nous avons hâte de voir ta danse !

Ce que les adultes pouvaient être niais, parfois ! Il ne leur venait donc pas à l'idée qu'un être humain crevait de chaud, là-dedans, et n'avait aucune envie de jouer à la ballerine ?

Elle ne bougea pas d'un pouce.

Les trois visiteurs, maintenant figés, attendaient.

Elle n'avait plus le choix.

Prenant son élan, elle se lança dans un copier-coller au ralenti de la dernière chorégraphie de Beyoncé.

Les parents applaudirent ; la mioche hurla : « T'arrête pas ! »

Lisie, elle, agonisait.

Encore une belle journée qui se profilait...

Ce fut un éternel recommencement jusqu'à 14 heures. Au bout de quatre heures de show, c'était officiel : Lisie haïssait les enfants, elle n'en aurait jamais, elle s'en faisait la promesse.

Elle eut droit à une micropause en décalage avec le reste du personnel et ne put même pas voir Ludivine. Après avoir avalé un paquet de Curly et trois barres extra-chocolat (le distributeur était le paradis de la calorie), elle remit son costume humide de transpiration en pestant.

Encore trois heures et ce serait la libération.

Elle emprunta l'Allée des Ailes et en profita pour rendre visite à Dark Vador, le roi de l'insulte. C'était un perroquet détestable, abandonné par son maître cinéphile lors de son incarcération pour avoir harcelé une star, mais elle avait une certaine affection pour lui. Il l'épargnait plus ou moins, comparé aux autres employés du zoo qu'il traitait avec énergie de *Résidu de placenta* ou de *Vieux culs de bonobos*. Jusqu'à présent, elle avait seulement eu droit à *Fesses rembourrées*, ce qui lui paraissait tout de même plus flatteur.

Lorsqu'elle le salua, il garda le dos tourné, mais fit dangereusement pivoter son cou.

— *Dannyyyyy, pourquoi tu m'as fait ça, Danny ?*

L'angoisse...

Il continuait !

Cela faisait près d'une semaine qu'il s'était lancé dans la récitation de l'intégrale de *L'Exorciste* et rien ne semblait l'arrêter. Lisie redoutait le moment où cela deviendrait blasphématoire.

— Arrête ton cinéma, Dark ! Comment vas-tu, mon grand ?

— *Haleine de vieux troquet !*

— Je te remercie, mais ça m'étonnerait que tu puisses la sentir d'ici ! Et arrête tes sarcasmes, je ne suis pas d'humeur aujourd'hui !

— *Théodébile !*

— Je ne te le fais pas dire.

— *Allez, ouste, au trrrravail ! Au trrrrravail !*

Même si cela lui faisait mal de l'admettre, Dark avait raison. Si Super Porc la surprenait en train de converser, il lui tomberait dessus à coup sûr.

— *Il est 5 heurrrres, Parrrrrris s'éveille !*

La voix criarde de Dark la fit sursauter... Tout comme celle de Théophile, deux secondes plus tard.

— Mademoiselle Para ! Que faites-vous ici ? N'êtes-vous pas censée distraire les enfants ?

Il approchait de son pas lourd, accompagné d'un homme...

D'un homme...

De l'homme !

De *cet* homme !

L'épave d'hier !

Le perroquet l'avait reconnu.

Que faisait-il là ? Avait-il porté plainte contre elle, comme il l'avait promis ? Venaient-ils tous les deux la chercher pour la traîner au commissariat ?

— Je faisais une pause, rétorqua-t-elle, reculant prudemment.

Elle avait la vitalité d'une huître. S'ils la forçaient à les suivre, elle ne pourrait résister bien longtemps.

— Est-ce que vous passez une agréable journée ?

Il allait continuer en lui annonçant qu'elle finirait sous les verrous...

— Extatique, ronchonna Lisie, le laissant venir.

— Bien, bien... Je vous présente Lucas Strabovitz, journaliste à la *Une méridienne,* qui prépare un reportage sur notre réserve. Vous me ferez le plaisir de le guider pour le tour du zoo.

Ce Lucas n'était pas venu pour la faire emprisonner ?

Elle poussa un soupir de soulagement.

Dégrisé, il avait dû se rendre compte qu'il avait bien mérité la gifle magistrale qu'il avait reçue, ainsi que son évacuation du zoo...

Théophile, en tout cas, ne semblait au courant de rien.

Lisie respira.

Ce type n'était qu'un simple journaliste, en repérage quand il l'avait accostée...

Elle lui jeta un coup d'œil. Il avait l'air parfaitement à jeun : il s'abstiendrait peut-être d'émettre des remarques à caractère racial, cette fois.

Il y avait même des chances pour qu'il ne se souvienne pas d'elle. Dans le doute, elle garda sa tête d'ours : elle n'avait aucune envie de discuter avec lui et elle pouvait parfaitement le guider accoutrée ainsi.

Deux heures de plus ou de moins dans une fournaise à soixante degrés...

— Enchanté, Baloo, lui lança-t-il en tendant la main.

Ah, ah, ah...

Théophile éclata de rire avant de s'éloigner.

Ils marchaient en silence, Lisie se contentant d'énumérer le nom des zones dans lesquelles ils passaient. Elle était de méchante humeur et n'avait aucune envie de jouer à l'employée sympathique.

Lui tentait de faire la conversation, posant des questions auxquelles elle répondait par de vagues grognements.

— Dites donc, vous ne voudriez pas ôter ce costume ridicule ? suggéra-t-il au bout d'un certain temps. Je trouve étrange de m'adresser à un ours.

Elle se contenta d'accélérer le pas pour en finir le plus rapidement possible.

Ils passèrent devant la mare aux flamants et entamèrent la longue montée menant à la Vallée des Bambous, où vivaient les koalas. Lisie eut l'impression de se farcir l'Himalaya, mais conserva tout de même son rythme gym-tonic.

Soudain, des petites taches se mirent à danser devant ses yeux. Elle s'appuya à la barrière qui longeait le sentier, mais celle-ci brinquebalait. Ou était-ce une impression ? Elle s'assit par terre, inspira longuement et se sentit mieux.

Lucas s'agenouilla au moment où elle se relevait.

— Enlevez-moi ça, voyons ! Vous allez finir par tomber dans les pommes !

Et sans crier gare, il lui arracha sa tête d'ours dans un « Tadam ! » triomphal.

Lisie, encore faible, n'eut pas la force de l'en empêcher.

Lorsque son visage apparut, il éclata de rire.

— Madame la Gifle ! C'était donc vous ! Ravi de vous revoir, Rocky !

Il se souvenait parfaitement d'elle... et ne semblait pas gêné le moins du monde. Immédiatement, elle pensa à Jo. Ce type semblait du même acabit.

Génial...

Il sortit de son sac une bouteille d'eau fraîche et la lui offrit. Lisie la lui arracha des mains et but à grosses goulées, tout en préparant une réplique bien sentie.

— C'est donc vous ! Ravie de vous revoir, vieille cale à whisky !

— Pas commode, l'oursonne !

Il semblait s'amuser, en plus ! Elle le fusilla du regard.

— Oui, bon... Je crois avoir un peu dépassé les limites avec vous, hier, reprit-il d'un ton léger.

— *Légèrement* dépassé ? Les limites ont été piétinées par votre rudesse avinée !

— Tant que ça ? Racontez-moi tout ! Je me souviens seulement que je vous ai demandé de poser et que vous avez refusé avec une mauvaise foi peu commune !

— Vous plaisantez ? Vous ne vous souvenez pas de ce que vous m'avez dit ?

— Absolument pas ! Mais si je me suis montré scandaleux, n'hésitez pas à tout me raconter : je ne supporte pas l'alcool, j'en bois très rarement, et chaque fois qu'on me narre mes exploits, je me trouve impayable. Allez, dites-moi tout !

Ses yeux noisette, presque noirs, pétillaient.

Il était fier de lui...

S'il avait un peu d'amour-propre, il se réjouirait moins, lorsqu'il apprendrait la manière dont il l'avait traitée. Au moins, il s'excuserait et ne la ramènerait plus...

— Vous m'avez traitée de greluche, trouvée parfaitement assortie aux éléphants, et, je cite : « très couleur locale, très savane africaine ».

Il s'esclaffa.

Le lourdaud fini !

— OK. Ça ne se fait pas. Et j'admets que le greluche était de trop.

Il ne semblait pas désolé le moins du monde.

Était-il stupide ou seulement mal élevé ?

— Vous ne me présentez pas d'excuses en bonne et due forme, si je comprends bien ?

— Si vraiment ça vous fait plaisir...

Son téléphone sonna à cet instant.

— Allô ? Oui, Anastasia !

Il adopta un ton mielleux des plus ridicules et Lisie leva les yeux au ciel. Théophile avait eu une riche idée de lui coller ce neuneu dans les pattes : sa vengeance était redoutable.

— Bien sûr que nous pouvons boire un verre. 19 heures ? Oui, pourquoi pas ? À tout à l'heure. Oui ?... Ah...

Lisie tapa du pied pour lui signifier son impatience.

— Excuse-moi, ma belle. Je suis au zoo, là. Je t'expliquerai, mais je dois te laisser, ma guide trépigne. Tu comprends, elle n'est pas très aimable... Oui, je t'embrasse. À ce soir !

Pas très aimable ? Il attendait quoi ? Qu'ils soient copains comme cochons ?

Elle mourait d'envie de le gifler de nouveau, mais se contint. Cela ne servait à rien de se mettre en frais pour ce loser : la visite terminée, ils ne se recroiseraient jamais plus.

— Avez-vous terminé votre petite conversation ? Pouvons-nous continuer ? lança-t-elle avec aigreur lorsqu'il raccrocha.

— Bien sûr. Mais vous ne voulez pas vos excuses, d'abord ?

Il prit une pose d'orateur.

— Moi, Lucas Strabovitz, en toute solennité et franchise, m'adresse à vous, Lisie... Lisie comment ?

— Laissez tomber, répliqua-t-elle sèchement.

Ne lui avait-on jamais dit qu'il était pitoyable ?

Beau comme un dieu, certes, mais pitoyable ?

— Oh non, ne soyez pas vexée, je vous en prie, je ne m'en remettrai pas ! Une petite bise de réconciliation ? proposa-t-il en ricanant.

Lisie le repoussa avec violence, prit sa tête d'ours sous le bras et avança au pas de course pour le distancer. Ignorant la chaleur, elle sprintait presque, quand ils arrivèrent aux bambous. À son grand désarroi, Lucas avait suivi aisément le rythme.

— Voilà les pandas. Si nous redescendons par cette grande allée, nous tomberons sur le coin des éléphants, que vous êtes censé connaître, à moins que votre cerveau ratatiné par les ravages de l'alcool l'ait oublié.

— J'aimerais le revoir. Et puis, c'est tellement plaisant, une balade avec vous.

Mais que lui voulait-il, à la fin ?

La faire craquer ?

Provoquer une dispute ?

Ou bien était-ce sa manière d'agir avec les gens ?

Autant de balourdise la stupéfiait.

— Vous n'êtes qu'un...

— Désolé, ma chère, dit-il en décrochant son portable qui s'était remis à sonner. Oui, allô ? Sabrina ! Oui, je suis heureux de t'entendre, comment vas-tu ? Un cinéma ? D'accord pour demain, 20 heures ? Je passerai te prendre. OK. À demain, ma puce !

C'était une caricature, ce mec !

Et toutes ces filles aux prénoms en *a* !

Il faisait une fixette ou quoi ? Il devait se trimbaler un harem de blondes à fortes poitrines...

Comment faisaient-elles pour le supporter ? Bon, oui... objectivement, il était sexy, avec ses cheveux en bataille et sa bouche à la James Dean, mais le style séducteur moqueur, ça marchait encore de nos jours ? La page n'avait-elle pas été définitivement tournée, depuis Rhett Butler ?

Quel ringard...

— Écoutez, je pense que vous allez finir la visite tout seul, ça vaudra mieux. Continuez tout droit et vous trouverez les éléphants. Vous serez alors juste à côté de la sortie et vous pourrez dire bonjour à votre ami Phil. Vous vous souvenez de Phil ? Celui qui a mis fin à votre misérable prestation, devant lequel vous vous êtes ridiculisé et qui vous a traîné jusqu'à l'entrée comme un vulgaire sac de farine ?

— Parfaitement, oui ! Je suis d'ailleurs passé lui dire bonjour tout à l'heure. Il est très sympa, ce garçon ! Nous allons voir ensemble le match de demain à la Mosson !

Incroyable !

Phil, SON Phil, était tombé dans le panneau ?

Impossible !

Mais qu'est-ce que ce type avait de si fascinant, à part ses fesses musclées et son regard de braise ?

Elle ne daigna pas répondre et s'éloigna d'un pas digne... Si tant est que l'on pouvait paraître digne dans un costume d'ours.

Elle en oublia la branche qui traversait le sentier, celle qu'elle enjambait pourtant depuis des années et qui était signalée par un énorme panneau jaune : *Attention ! Racine dangereuse ! Saut obligatoire !*

Elle s'étala de tout son long. Sa tête d'ours roula sur le chemin.

— Vous allez bien ? lui cria Lucas en s'approchant.

— Parfaitement ! Foutez-moi le camp, fanfaron à la noix !

L'épaisseur du costume l'avait protégée, mais son genou saignait, elle le sentait. Elle devait se débarrasser de cette foutue fourrure et vite, avant de tourner de l'œil ! Avec des gestes saccadés, elle tenta de dézipper la combinaison, mais la fermeture se coinça au milieu du dos. Elle tira rageusement dessus en grognant.

— Attendez, laissez-moi vous aider ! Vous n'arriverez à rien comme ça !

— Non ! hurla-t-elle, excédée.

Il la retint fermement, alors qu'elle se débattait avec la rage d'un lion, et finit par la plaquer au sol.

— Qu'est-ce qui se passe, ici ?

Phil...

Tel un prince... venu pour la sauver !

Elle leva la tête et tendit une main suppliante vers lui. L'autre pesait une tonne et s'escrimait toujours sur sa fermeture Éclair.

— Salut Philou, tu peux m'aider ? La miss est coincée et elle refuse que je l'aide. C'est une vraie furie quand elle s'y met !

Phil approcha et se plaça au-dessus d'elle. Il était en short et, en levant les yeux, Lisie put admirer son caleçon à rayures et son anatomie plus que satisfaisante. Elle se ressaisit aussitôt et se débattit, ayant conscience du ridicule de la situation.

Les deux complices ne la laissèrent cependant pas faire et se mirent à deux pour tirer de toutes leurs forces sur la fermeture qui céda soudain dans un crac effrayant.

Grand silence.

Rires gênés.

Oui. C'était bien ça, hélas...

Son short s'était déchiré en même temps que la fermeture Éclair s'ouvrait. C'était lui qui la faisait résister !

Elle plaqua les mains sur ses fesses et se releva précipitamment, soustrayant son popotin rebondi de la vue des deux hommes.

Phil tentait de garder son sérieux ; Lucas, lui, se gondolait.

— Jolie culotte ! lança-t-il.

Elle y jeta un œil et faillit sangloter : elle avait choisi celle qui affichait : *Interdiction d'entrer... à moins que...*

Mon Dieu.

Tout espoir de débaucher Phil de sa petite vie bien rangée s'évanouit à cet instant : elle était passée en une seconde du statut de collègue mignonne à celui de pauvre fille aux dessous minables.

Et dire que la veille encore, elle déchaînait les foules, avec la sexytude de Rihanna !

— C'est Ludivine qui me l'a prêtée, murmura-t-elle à l'adresse de Phil.

Il fallait bien préserver un peu son honneur... Lulu ne lui en voudrait pas...

Phil acquiesça mais, visiblement, il était consterné.

— Bon... Euh... Je vous laisse. À jeudi, Lucas !

Lucas.

Tout était de sa faute !

Elle se tourna vers lui, prête à en découdre.

— C'est toujours une émotion nouvelle de déshabiller les jolies filles, mais là, vous avez fait fort !

— TAISEZ-VOUS à la fin ! Bouclez-la ! Laissez-moi tranquille ! Vous vous croyez supérieur, avec votre barbe de trois jours et votre sourire débile ? OUI, je porte une fourrure de bête, une culotte à chier, et oui, c'est ridicule ! Oui, je... je...

Elle éclata en sanglots.

C'en était trop. La fatigue, la chaleur, l'humiliation et ce benêt qui ne cessait de l'asticoter...

— Calmez-vous, voyons, je plaisantais !

Il l'entraîna sur le banc le plus proche et elle ne résista pas.

Elle était lasse.

— Ne vous mettez pas dans ces états ! Votre tenue n'est pas des plus glamour, OK, mais il ne faut pas en faire un drame... Quoique... Ce doit être pénible ! Dites-moi, vous portez votre peau de bête tous les jours par cette chaleur ?

Pour la première fois, il montrait un peu de sollicitude.

— Non ! Et si vous voulez tout savoir, ma vie a tourné au cauchemar depuis que Théophile a pris la direction du zoo en l'absence de son père. Il saborde ma carrière : je suis normalement directrice de la communication...

Pourquoi se confiait-elle à cet âne bâté ?

— Le paternel va-t-il revenir ?

— Oui. Dans deux interminables semaines...

— Alors, tenez bon ! Prenez exemple sur moi.

— Sur vous ?

— Oui. Puisque nous en sommes aux confidences et que, visiblement, vous avez besoin de distraction, écoutez plutôt ça : j'allais partir en Afrique pour pondre un reportage sur la savane... les animaux, le *road trip*, la découverte de la nature... La totale quoi ! Je suis allé fêter la chose dignement au Cover...

— Le tripot à poker ?

— Oui. Des amis m'y ont entraîné et je suis tombé sur Gaston. Il faut savoir que Gaston, c'est la personnification de la connerie humaine, un type d'une aigreur consternante. Un savant mélange de... Bref, Gaston. Il me hait depuis que j'ai raflé le poste à *Une méridienne* : il le convoitait depuis longtemps. Il bosse à la *Gazette* et, depuis, ne cesse de me faire des vannes foireuses et déguisées dans ses foutues chroniques. Il m'a provoqué et nous avons réglé ça comme des hommes : au poker. Sauf que je suis une calamité à ce jeu. L'alcool m'a fait croire en moi et j'ai joué jusqu'à vider mon portefeuille. Quand je n'ai plus rien eu, j'ai parié mon billet pour l'Afrique. À l'heure qu'il est, il a dû le revendre. Je crois que j'ai continué à boire... Le reste est un peu flou, mais je conserve de vagues souvenirs... Je me suis dit que je pouvais m'en sortir. J'ai voulu faire des essais photo ici : si je me planquais deux semaines, que je faisais des tonnes de photos dans la réserve, bien cadrées, grillages photoshoppés, avec vous comme guide, je pourrais faire croire que j'étais parti...

Lisie éclata de rire : l'idée était d'un saugrenu ! Ce type était complètement jeté !

— Lamentable ! se moqua-t-elle.

— Mais inventif ! souligna-t-il en souriant. Bref, quand les vapeurs de l'alcool m'ont quitté, je me suis rendu compte que le plan était foireux et j'ai tout avoué à mon boss. Il m'a mis un coup de pied aux fesses et m'a dit que si les zoos m'intéressaient tant que ça, je n'avais qu'à lui ficeler un joli petit article sur la réserve de M. Lafable. Et il a envoyé un collègue à ma place en Afrique.

— Eh bien !

— N'est-ce pas ! Je fais les choses en grand, non ? Et vous, c'est quoi votre histoire ?

Lisie n'hésita pas : il était tellement plus minable

qu'elle ! Elle lui confia tout, du début à la fin, sans omettre aucun détail.

— Le pire, c'est que j'avais une présentation cruciale, ce soir. Je l'ai préparée pendant des mois. Théophile l'a purement et simplement annulée. Il dit qu'il a d'autres projets pour le zoo, et je vous avoue que je suis inquiète. Le connaissant, ce ne peut pas être positif.

— Où devait avoir lieu cette présentation ?

— À La Voile bleue, pour l'inauguration de la saison. Tout le gratin y est invité.

— Pourquoi n'y allez-vous pas quand même ?

— Mais puisque je vous dis que mon invitation a été annulée !

— Et alors ? Une robe sexy, une petite œillade coquine aux gorilles de l'entrée et vous y êtes ! Vous trouverez bien le moyen de prendre la parole, ensuite !

Eh... C'était loin d'être bête !

L'idée fit aussitôt son chemin dans l'esprit de Lisie.

Après tout, pourquoi pas ?

Si cela marchait, Théophile ne pourrait refuser de mettre le projet en route.

Bien qu'agaçant, ce Lucas était plein de ressources, elle le concédait.

— Vous avez raison ! Je vais le faire ! Oui, je vais le faire !

— En avant, ma belle ! Je dois filer maintenant, dit-il en se levant. Je vais prendre quelques clichés, réfléchir à mon angle d'attaque. Je ne peux pas traîner, j'ai...

— Rendez-vous ?

— Dans le mille !

Il se pencha et l'embrassa légèrement sur la joue.

— À plus, beauté fatale ! Bon courage pour ce soir !

Elle le regarda s'éloigner de sa démarche nonchalante.

Surprenant.

Il était surprenant.

4. Vigiles, ex et danse des canards

Lisie achevait de se changer quand Ludivine déboula dans les vestiaires, affichant un sourire béat, pianotant fébrilement sur son portable. Elle avait fait une conquête, cela se voyait comme le nez au milieu de la figure.

La grande rousse de la veille ?

Pauvre nana ! Elle serait à ramasser à la petite cuillère dans une quinzaine de jours.

— Alors ? Heureuse ?

Ludivine sursauta.

— Ah, ma chérie ! Tu es là ? Excuse-moi, j'étais en train...

— De lire le texto enamouré d'une fervente admiratrice ? Laisse-moi deviner... La fille qui t'a aidée à me mettre dans le taxi ?

— Bien vu ! Quelle femme ! Des jambes de rêve, une finesse à couper le souffle... Faite pour moi !

C'était toujours le même refrain... au début.

Quoique, cette fois-ci, les yeux de Ludivine brillaient d'un éclat plus vif. Il y avait quelque chose qui palpitait en elle, un appétit canaille, une émotion presque palpable.

Lisie en ressentit une pointe d'agacement, qu'elle tenta sans succès de réprimer.

— On en reparle dans deux semaines ?

— Quelle rabat-joie ! rétorqua Ludivine en levant les yeux au ciel.

— Je suis réaliste.

— Non, jalouse.

— Jalouse, concéda Lisie de mauvaise grâce. J'ai encore vécu une journée cauchemardesque et si elle s'achève avec la certitude que tu as trouvé le grand amour avant moi, je sombrerai dans la dépression.

Ludivine acquiesça et rangea son téléphone dans sa poche.

— Passons sur ton égoïsme le plus total... Je compatis. J'ai entendu dire que Théophile t'a collée à la Fourrure ?

— Tout à fait. J'ai cru mourir vingt fois et je jure de ne plus jamais raccrocher au nez de ma mère, lorsqu'elle se plaindra de nouveau de ses bouffées de chaleur post-ménopause ! Elle n'exagère pas : c'est une véritable torture !

— Pauvre poulette ! s'apitoya Ludivine, tout en enlevant son pantalon de travail.

Elle est parfaite, songea Lisie avec un brin d'amertume. *Un corps de liane. Pas étonnant qu'elle fasse craquer toutes les minettes et débauche même les hétéros...*

Si seulement elle avait un minuscule amas de cellulite par-ci, par-là ! Un nez un peu tordu... une pilosité abondante... des seins en gants de toilette... ce serait tellement réconfortant !

Mais non.

Tout était lisse et harmonieux chez Lulu, alors qu'elle passait son temps à se bourrer de Chipster-Belin.

La nature se montrait parfois si injuste !

— Arrête de mater mes jambes et de ruminer. Si j'étais à ta place, avec ces hanches à la Beyoncé, je ne perdrais pas mon temps à envier les cuisses de grenouille de mon amie, crois-moi !

Comment s'arrangeait-elle pour toujours deviner ce qui lui trottait en tête ?

— Tu es parfaite, ajouta Ludivine avec douceur. Tu possèdes des rondeurs de rêve et un visage sublime, alors arrête de te torturer, c'est ridicule !

— Facile à dire pour toi qui fais rentrer ton petit cul dans du 36 !

— L'obsession des tailles... L'éternelle obsession des tailles ! Je te préviens, si je t'entends de nouveau parler de ce Ducon...

— Dukan. Un peu de respect, dis donc !

C'est vrai, quoi ! Grâce à lui, elle avait perdu quatre kilos.

Bon... Elle en avait repris six et la vue d'un bâtonnet de surimi lui donnait envie de fuir au bout du monde, mais tout de même !

— Si je t'entends de nouveau parler de ce Dukan de malheur, reprit Ludivine, je t'étripe sans hésiter. Bon, est-ce qu'on en a fini avec nos plastiques de rêve ? Sujet clos ? Parce que j'ai une grande nouvelle à t'annoncer : figure-toi que Vivi a fait des progrès fulgurants !

La chouette avait fini par lui obéir ? Elle s'était posée sur sa main ? Lui avait donné un coup de bec affectueux ?

Soyons fous : lui avait-elle carrément apporté son courrier ?

— Elle m'a *regardée* quand je l'ai appelée !

Ludivine n'aurait pas présenté la chose autrement, si sa chouette s'était mise à causer japonais.

— Ah ! tenta de s'enthousiasmer Lisie. Phénoménal !

— N'est-ce pas ! Je suis certaine que nous serons prêtes pour le spectacle. Dis, tu as le temps de boire un petit café ?

— Rapidement car je...

— Mais bien sûr ! répondit Ludivine en se frappant le front. J'ai failli oublier ! C'est ce soir, ta présentation !

— Oui et non... Théodébile l'a annulée.

Ludivine passa un bras réconfortant autour de ses épaules et l'entraîna vers la petite cafétéria du personnel.

— Dis-moi tout.

L'agacement, la jalousie de Lisie s'évanouirent instantanément.

Heureusement qu'elle l'avait, cette chère Lulu !

— Et il a affirmé qu'il avait d'autres projets..., conclut Lisie, après avoir rapporté à Ludivine sa conversation avec Théophile. Qu'est-ce qu'il mijote, à ton avis ?

Ludivine se rongea pensivement l'ongle droit avant de suggérer en pouffant :

— Il compte peut-être investir dans un élevage de porcs sauvages dont il serait le chef de meute ?

— Non, sérieusement, je me demande de quoi il s'agit. Connaissant l'oiseau, je doute que ça nous emballe... Si tu l'avais vu ! Sa moustache en frémissait !

— Mauvais signe. Il fait toujours ce truc-là, quand il prépare un mauvais coup.

Ludivine attrapa une mèche de ses cheveux, la plaça au-dessus de ses lèvres et se lança dans une imitation très convaincante, ce qui eut le mérite de dérider Lisie.

— Au fait, Lulu, tu ne devineras jamais avec qui j'ai passé l'après-midi... Le mec d'hier ! Il s'appelle Lucas. Je lui ai fait visiter le zoo, sur les ordres de Gros Chef.

— Le type complètement soûl ?

— Dans le mille ! Il fait un reportage sur la réserve. L'après-midi a été un calvaire. Ce type est...

Lisie s'interrompit, avisant justement Lucas qui pénétrait dans la cafétéria, accompagné de Théophile.

Celui-ci scruta la salle et, dès qu'il les aperçut, fonça sur elles avec l'énergie d'un taureau en rut.

— Mademoiselle Para, je vous cherchais. Si j'en crois M. Strabovitz, vous avez été un guide extraordinaire ! Je n'hésite donc pas à vous nommer Exploratrice, dit-il en jubilant.

Ben voyons...

Les Exploratrices portaient des microshorts et prenaient en charge les vagues de retraités qui déferlaient des cars de tourisme. La rumeur disait que le troisième âge n'avait pas froid aux yeux et qu'il n'était pas rare qu'une hôtesse se retrouve avec une main baladeuse ET fripée sur les fesses.

Berk.

Lucas dut comprendre à sa moue que ses compliments allaient entraîner de fâcheuses conséquences pour elle, car il tenta un :

— En fait, Mlle Para n'était pas si terrible que ça...

C'était gentil d'essayer de rattraper le coup...

— Un peu pleurnicheuse sur les bords, poursuivit-il. Et pas très fun. Une vraie porte de prison, pour être tout à fait honnête !

Oh... Il ne fallait pas exagérer, quand même !

Pour qui se prenait-il, pour la critiquer ainsi ?

— Dites donc, vous ! On ne vous a pas sonné ! J'ai été plus que patiente avec vous ! Je vous ai montré tous les recoins du z...

Ludivine lui lança un coup de pied sous la table et Lucas leva les yeux au ciel.

Quant à Théophile, il semblait boire du petit-lait.

Lisie se rendit compte trop tard de sa maladresse.

— Eh bien, mademoiselle, vous avez toutes les qualités requises pour ce poste ! C'est donc réglé !

— Vous vous rendez compte que vous vous acharnez sur ma collègue, monsieur ? intervint Ludivine.

Théophile la fusilla du regard.

— Est-ce que vous avez enfin dressé votre hibou, mademoiselle ?

Lisie fixa son amie avec inquiétude. Théophile venait de commettre une faute impardonnable.

— C'est une chouette, monsieur, une CHOUETTE, pas un vulgaire hibou de bas étage ! Et elle a un prénom !

Elle s'était levée et sa ride du lion se creusait dangereusement.

Mauvais signe... Mauvais signe...

— Chouette, hibou... Peu importe. Mêlez-vous de vos affaires !

Ludivine tapa du plat de la main sur la table, repoussa sa chaise et le toisa de toute sa hauteur. La ride du lion était carrément devenue une crevasse, signe d'une explosion imminente. Lisie la tira sèchement en arrière : pas question d'être deux à subir les mauvaises grâces de Bras Flasques.

Théophile ricana et sortit un cigare, se désintéressant totalement de Ludivine.

— Mademoiselle Para, je vous attends donc demain, 8 heures pétantes, pour endosser avec grâce vos nouvelles fonctions. Et ce soir, pas d'entourloupes : je vous rappelle que votre intervention est annulée.

Il farfouilla dans la poche de son pantalon abominablement mal coupé et en sortit une invitation qu'il lui agita sous le nez.

Son invitation ! Il s'était bien gardé de lui dire qu'il y en avait une !

Sans la quitter des yeux, il déchira le carton en minuscules morceaux, se dirigea vers la poubelle et les y jeta d'un geste théâtral.

Cet individu était pire que tout. Pire qu'un avis d'imposition à la hausse, qu'une bande de chenilles processionnaires, qu'une tourista carabinée, que les trois réunis !

Lisie agrippa la table des deux mains pour ne pas lui bondir dessus, mais Ludivine perdit tout contrôle et se précipita vers lui.

Elle avait tout de Xena la guerrière.

Lucas parvint à la maîtriser et Lisie se surprit à admirer ses muscles bandés.

Nora les aurait aimés...

Ils étaient virils, sensuels et...

La voix de Théophile la ramena sur Terre.

— Quelle tigresse ! Sauvage, déchaînée... Tout ce dont je raffole ! railla-t-il, en s'éloignant. Qu'attendez-vous, monsieur Strabovitz, vous venez ?

Ludivine semblait avoir repris ses esprits. Lucas la lâcha et se dirigea à son tour vers la sortie, saluant Lisie d'un signe de la tête.

Comment ?

Rien de plus ?

En même temps, à quoi s'attendait-elle ? Ce n'était pas parce qu'il avait vu sa culotte à slogan et discuté avec elle vingt minutes sur un banc qu'il allait provoquer Théophile en duel pour venger son honneur bafoué.

— Quel mufle ! pesta Ludivine. Je suis désolée pour toi... Mais tout n'est pas perdu. Dès le retour d'Arsène, ta présentation sera de nouveau d'actualité.

— Eh bien, figure-toi que je compte la faire ce soir.

— Quoi ?

— Si je fais du charme aux vigiles de La Voile bleue, est-ce que tu penses que j'ai une chance d'entrer ?

Ludivine brandit le poing avec force.

— Oui ! Ne te laisse pas faire ! Bats-toi ! Fonce, ma biche !

— Même si je n'ai pas d'invitation et que mon nom ne figure pas sur la liste ?

— Ne t'inquiète pas ! Ils te dérouleront le tapis rouge ! Mets le paquet sur l'antipoches et l'eye-liner, dégaine ta robe turquoise et...

— Celle qui me fait un derrière de rombière ?

— Tu es folle, ma pauvre fille. Cette merveille DOIT sortir de ton dressing !

La détermination de Lisie grimpa en flèche : Lulu avait raison, elle serait époustouflante avec... si elle parvenait à rentrer dedans.

— Alors c'est décidé ! Je file. On mange ensemble, demain ?

— Et comment ! J'exige un compte rendu exhaustif de la soirée ! Tu en profiteras également pour me parler un peu plus de ce Lucas ! Il a l'air tout à fait charmant...

Lisie leva les yeux au ciel, embrassa son amie et se pressa vers la sortie.

Oups !

Elle avait oublié un détail essentiel...

— Au fait, si tu croises Philie-sexy et qu'il te parle d'une culotte à slogan, c'est la tienne !

— C'est quoi, cette histoire ?

— Je t'expliquerai ! À plus, *bella* !

Après avoir foncé jusqu'au Fingers à vélo, récupéré sa voiture et mis le turbo jusqu'à chez elle, Lisie investit directement la salle de bains.

La douche la revigora formidablement : elle se sentait prête.

Elle se maquilla avec soin et ouvrit la porte de son dressing.

L'ennemie était là, sagement accrochée, attendant son heure.

La robe turquoise.

Taille 42.

Immédiatement, la voix de sa mère résonna dans sa tête.

« Mais pourquoi t'acharnes-tu à acheter du 42 ? Tu y rentres, OK, mais il faut voir comment ! Il te faut un chausse-pied ! Sois raisonnable, prends plutôt du 44, tu serais tellement plus à l'aise ! »

Elle avait raison, bien sûr, mais psychologiquement parlant, le cap était rude à franchir. Et puis, sa chère maman ne réalisait pas qu'acheter une taille trop ajustée constituait une motivation non négligeable pour entamer un régime. Malheureusement, les cocktails et les hamburgers se montraient toujours les plus forts à ce jeu-là...

Lisie s'empara de la robe avec détermination, passa les pieds dedans, l'empoigna et la fit remonter doucement... tout doucement.

Pas de précipitation.

De la délicatesse.

RAS au niveau des mollets et des genoux. Parfait...

Mais à mi-cuisses, la situation commença à se corser : la robe la serrait comme un étau, et plus Lisie s'escrimait, plus elle avait chaud. Son fond de teint dégoulinait sur ses joues et la moiteur de sa peau ralentissait affreusement la progression de ce fichu bout de tissu.

Pour se donner du courage, elle pensa à Chloé Grafftiaux, dont le portrait était récemment paru dans *Paris Match* : aurait-elle abandonné l'ascension de l'Everest à mi-chemin ?

Certainement pas !

Capituler ? Jamais de la vie !

Sans faiblir et à force de contorsions sauvages, elle parvint à hisser la robe jusqu'à ses hanches et s'octroya une pause, bien méritée.

Elle était à bout de souffle. À ce train-là, elle risquait la crise d'hypoglycémie.

Se retenant d'aller piocher dans le placard de la cuisine, elle attaqua l'étape suivante : celle du ventre.

S'allongeant sur son lit et inspirant à fond pour creuser au maximum les abdos, elle tira fermement sur la robe qui, miracle, remonta d'un coup.

Youpi !

Elle avait réussi !

Mission accomplie sans le moindre craquage de coutures !

Satisfaite, Lisie se releva et se dirigea vers le miroir de la chambre. Son enthousiasme en prit un coup : la robe lui serrait tellement les jambes qu'elle était contrainte de faire de minuscules, de microscopiques petits pas.

Elle grinça des dents.

Non ! Elle n'avait pas fait tous ces efforts pour rien !

Maintenant qu'elle avait dompté la Bête, il était hors de question qu'elle la retire !

Elle n'aurait qu'à faire comme ces belles Japonaises aux kimonos ultra-ajustés : foulées riquiqui, mais glamour au top.

Elle atteignit la glace et observa son reflet d'un œil critique : l'effet Betty Boop en goguette lui donnait une allure sexy, mais c'était sacrément moulant, quand même. Presque une seconde peau.

Si on regardait bien, on pouvait apercevoir son nombril et même le nœud de son soutien-gorge.

Elle hésita.

Un changement de tenue s'imposait-il ?

La sonnette retentit soudain, mettant fin à ce cruel dilemme.

— J'arrive, Reno ! cria-t-elle.

Elle avait complètement oublié de lui rendre son vélo.

Lorsqu'elle ouvrit la porte, le choc la laissa sans voix.

Incroyable.

Jo se trouvait face à elle, les bras ballants, une bosse proéminente sur le nez.

Que fabriquait-il donc ici ?

Était-il venu se venger de l'affront de la veille au soir ?

Lui lancer son mocassin à la figure ?

Il la poussa sans ménagement et entra dans l'appartement.

Elle n'était pas rassurée. Malgré ses nombreux défauts, Jo avait toujours fait preuve de douceur, mais on ne peut deviner ce dont est capable un homme humilié.

Très agité, il se mit à arpenter le salon en se grattant frénétiquement le crâne.

— Qu'est-ce que tu viens faire ici ? lui demanda-t-elle sur la défensive, prête à fuir si les choses se gâtaient.

— Tu m'as fait mal, Lisie. Très mal.

Mon Dieu, il était venu lui jouer un remake de *Revenge* !

Il s'arrêta net et la regarda d'un air...

Oui, d'un air angoissé.

Or, s'il y avait une émotion que Jo ne ressentait jamais, c'était bien l'angoisse.

Que lui arrivait-il ?

— Très mal... au cœur !

Hein ?

— Je suis perdu. Depuis hier, je vis un enfer, ajouta-t-il, sans lui laisser le temps d'intervenir.

Elle ne reconnaissait pas ce ton vibrant, saccadé. Elle ne l'avait jamais vu dans cet état : ce devait être grave.

— Comment ça ?

Il se jeta alors à ses genoux, lui enserrant les mollets avec force.

— Lisie, quand tu m'as humilié, j'ai été fou de rage, mais plus tard je n'ai pas réussi à trouver le sommeil : sans cesse, je te revoyais te déchaîner sur scène, vengeresse, débridée, et mon cœur a chaviré. J'ignorais que tu étais capable d'une telle sauvagerie, d'une telle poigne !

Il se frappa le cœur à trois reprises...

Quatre...

Puis enchaîna :

— Je ne suis plus moi-même. Vois ! Je suis prêt à m'humilier devant toi, à te supplier, à t'implorer. Je n'ai pas mangé ni dormi... Je suis retombé amoureux de toi !

Il était drogué, elle ne voyait pas d'autre explication.

Elle se baissa et tira sur sa paupière.

— Oh oui, touche-moi ! gémit-il avec extase.

Non, sa pupille n'était pas dilatée.

Alors il était bien devenu fou !

Où se trouvait Jo le prétentieux, l'homme qui croyait toujours avoir raison, celui qui, la veille encore, la traitait avec dédain ?

Elle se pinça le bras.

Non, elle ne rêvait pas.

— Et Annette ?

— Annette... Annette... Je l'aime, mais depuis ton show...

Il resserra son étreinte.

Si elle le laissait faire, il allait lui bousiller la circulation sanguine ! Elle tenta de dégager sa jambe droite, mais sa robe empêchait tout mouvement et Jo possédait une force insoupçonnée.

Il fallait impérativement le sortir de son délire pseudo-amoureux.

— Relève-toi, voyons ! lui ordonna-t-elle d'un ton cassant.

Il obéit instantanément et attendit, les yeux pleins d'espoir.

Elle ne comprenait rien à ce qui arrivait, mais une chose était certaine : elle ne voulait plus de lui. Sa fierté avait été blessée, elle avait obtenu vengeance et cela lui suffisait amplement.

Rideau.

Fin de l'histoire.

Ils ne se marièrent pas et n'eurent aucun d'enfant.

Leur histoire n'inspira jamais aucun réalisateur de film romantique.

Elle devait lui annoncer fermement sa décision, mais vu l'état de fébrilité dans lequel il se trouvait, il lui faudrait cependant procéder avec douceur.

— Jo, tenta-t-elle de le raisonner. Je t'ai tout de même envoyé un escarpin sur le nez ! Tu dois me détester ! C'est impardonnable !

— C'est sauvage ! la corrigea-t-il en approchant, les lèvres tendues dans l'attente d'un baiser.

Prise d'une inspiration subite, Lisie se déroba, fila chercher ses charentaises et les lui tendit.

— Tiens, dit-elle d'un ton qu'elle espérait apaisant. Nous deux, c'est du passé. Sache que je te pardonne ta trahison, mais que nous ne pouvons plus nous remettre ensemble. Je suis passée à autre chose. Garde ces superbes charentaises en signe de l'amour que nous avons partagé et pense à moi comme à un souvenir agréable, chaque fois que tu les enfileras. Ta vie est avec Annette, maintenant.

— Oui, mais...

Elle jeta un coup d'œil à sa montre : il allait la mettre en retard, avec ses jérémiades !

— Tsss, tsss, tsss, pas de mais.

Un peu de fermeté et cet échange surréaliste prendrait fin. Jo redeviendrait Jo et tout irait bien.

Elle le poussa sans ménagement vers la sortie.

— On va se revoir ? demanda-t-il, en s'accrochant au montant de la porte.

— Non, Jo, il ne vaut mieux pas, répondit-elle, lui donnant une pichenette sur les doigts.

Il sursauta, caressa sa main et sembla enfin se résigner.

— Oui, tu as raison. Je dois t'oublier.

— Quand ce sera trop dur, pense aux fois où je tentais de cuisiner pour toi. Ça devrait t'aider.

— C'est vrai que tu cuisines particulièrement mal, approuva-t-il d'un ton rêveur.

— Je dirais même plus : abominablement mal. Adieu, Jo.

— Adieu, ma belle enflammée, mon soleil de feu, ma...

Lisie referma la porte.

Par l'œilleton, elle le vit embrasser ses charentaises et les troquer contre ses chaussures de ville avant de s'éloigner.

Stupéfiant ! Son show avait transformé Jo en éponge romantique.

Il y avait là une belle leçon de vie à tirer : elle savait désormais comment reconquérir un homme...

« Exclusif sur Radio Xena : une femme parle aux femmes.

— *Bonsoir, Lisie. J'ai un problème et je sais que vous pourrez m'aider... Voilà. Mon petit ami m'a quittée la semaine dernière et je suis désespérée. Je veux à tout prix le reconquérir. Que puis-je faire ?*

— Ma chère Bianca, tout d'abord, êtes-vous certaine qu'il est le bon ?

— Absolument !

— Alors, si vraiment vous tenez à son retour, je n'ai qu'un conseil à vous donner : traquez-le et martyrisez-le.

— Le martyriser ?

— Oui. N'hésitez pas à employer les techniques les plus rudes : coup de tête, de balayette... Croche-pied bien senti... Jet de pâte à modeler... Pour ma part, j'ai testé la méthode du lancer d'escarpin. Mon ex est revenu la queue entre les pattes dès le lendemain.

— Le lancer d'escarpin ?

— Tout à fait ! Je donne d'ailleurs des cours d'initiation. Si vous souhaitez y participer, voyez cela avec mon assistante hors antenne, elle vous donnera les horaires et lieux d'entraînement.

— Oh ! Merci, merci mille fois, Lisie ! Je vous écoute chaque soir ! Vous me donnez tellement d'espoir. Vous êtes une source d'inspiration pour toutes les femmes modernes !

— Je sais. Merci à vous, Bianca. Je vous souhaite bien du courage. À bientôt ! Auditrice suivante ? »

Allons... Elle n'avait pas le temps de rêvasser.

Pour la deuxième fois de la journée, elle était affreusement en retard.

Une fois garée en face de La Voile bleue, Lisie observa le terrain. Devant une allée bordée de torches enflammées, deux vigiles patientaient. L'un, massif, avec des joues rebondies, arborait un sourire engageant, alors que l'autre, mince et sec, surveillait le périmètre d'un air sévère.

Le gentil flic et le méchant flic.

C'est ce dernier qu'elle devrait travailler au corps.

Elle attendit que la grappe d'invités qui se pressait devant l'entrée ait disparu à l'intérieur pour s'extraire de sa voiture et approcher d'une démarche qu'elle espérait chaloupée, malgré le peu de latitude que lui laissait sa robe. En vrai, les brides de ses compensées lui lacéraient les pieds et à chaque pas, elle réprimait une grimace de douleur.

— Bonsoir messieurs, susurra-t-elle.

De près, ils ressemblaient furieusement à Laurel et Hardy.

— Vous êtes ? demanda Laurel.

— Mademoiselle Para.

— Mademoiselle Para... Mademoiselle Para, marmonna Hardy, cherchant son nom sur la liste.

Lorsqu'il en eut parcouru la totalité, un silence gêné s'installa. Laurel se plaça derrière son collègue et relut le papier.

— Vous n'êtes pas sur la liste, lança-t-il d'un ton cassant.

Sans blague...

— Je suis directrice de la communication de la réserve de M. Lafable, et je dois intervenir ce soir.

— Vous n'êtes pas sur la liste, répéta Laurel.

— Avez-vous votre invitation, mademoiselle ? demanda Hardy, plus conciliant.

Et dire qu'elle gisait dans la poubelle, en confettis, cette invitation...

Maudit Théophile !

Pitbull enragé !

Elle se ressaisit. Ce n'était pas le moment de perdre son sang-froid.

Elle était Sharon Stone, ils étaient les mâles à entuber : elle devait jouer de tous ses charmes.

— Bien sûr que je l'ai !

Elle se pencha pour fouiller au fond de son sac, jusqu'à

ce que les deux compères aient une vue imprenable sur son décolleté ravageur. Mère Nature, ou qui que ce soit qui présidait à l'élaboration des morphologies, l'avait bien gâtée, de ce côté-là. Ce soir, c'était une chance.

Elle fit mine de chercher, pesta même poliment pour plus de naturel, puis se redressa, rejetant sa chevelure en arrière.

— Je suis confuse, je l'ai oubliée. Je me souviens de l'avoir posée sur mon lit avant de me changer. J'ai essayé des tonnes et des tonnes de dessous, ne sachant lequel choisir... Porte-jarretelles rouge, tanga noir, string panthère... Je me suis emballée, j'ai tout sorti et je crois que l'invitation a dû disparaître sous cet amas de lingerie fine et sensuelle... Je n'ai pas pensé à la récupérer...

Elle en faisait peut-être un peu trop, mais il fallait la jouer à fond *Basic Instinct* pour les convaincre.

Hardy rougit, se balança d'une jambe sur l'autre, puis se tourna vers Laurel.

— On peut la laisser entrer, non ? Elle a l'air honnête...

— Les usurpateurs ont toujours l'air honnête, répondit Laurel, en la fixant d'un air soupçonneux. Je suis désolé, mademoiselle, mais sans invitation, sans votre nom sur la liste, vous ne passerez pas.

— Je n'entrerai pas ?

Oh ! mais c'est qu'il commençait à devenir agaçant, ce haricot vert à la mine rigide !

Il se croyait à l'entrée de la Maison Blanche ?

— Vous n'entrerez pas, confirma-t-il, croisant les bras sur sa poitrine. Je vous prie de vous décaler, il y a de *vrais* invités qui attendent.

Non, non, non, cela ne pouvait se conclure ainsi !

Elle resta bien campée sur ses pieds, pendant qu'il faisait entrer un couple figurant sur la fameuse liste.

— Voyons, c'est ridicule, laissez-moi y aller, insista-t-elle.

— Pas d'invitation, pas de droit de passage, répéta Laurel.

Cet avorton allait-il lui tenir tête encore longtemps ?

Il avait l'air parti pour...

Elle reporta alors toute son attention sur Hardy, qui, lui, paraissait sensible à ses charmes. Peut-être pourrait-il influencer son collègue, si elle parvenait à le séduire.

— Attendez... Je vais tout de même vérifier que cette fameuse invitation ne se trouve pas dans ma voiture, lui lança-t-elle avec un sourire charmeur.

Elle se concentra, fit volte-face et se dirigea vers le parking.

Esprit de Kate Moss, entre en moi, esprit de Kate Moss entre en moi, pria-t-elle silencieusement.

Boum, tchic, boum, boum, tchic, boum, boum...

Elle entendit résonner la musique des podiums.

Flash, flash...

Le déclic des appareils-photo.

Oui, elle y était !

Elle adressa un petit signe de la main aux deux hommes et se lança vers sa voiture en rythme, se déhanchant avec enthousiasme.

Fesses à droite, fesses à gauche...

Regard en coin.

Fesses à droite, fesses à gauche.

Clac, clac de talons.

Si avec cela, ils ne la laissaient pas entrer, elle se ferait religieuse à l'abbaye de Fontfroide.

Non... Ils l'applaudiraient, pleureraient d'admiration, fantasmeraient pendant des jours et des jours.

Absorbée par ses rêves de victoire, elle ne vit pas le trottoir d'en face et trébucha lamentablement.

Elle put cependant se rattraper in extremis à son rétroviseur...

Qui lui resta dans la main.

Mais pourquoi l'avait-elle fixé avec du scotch, quand

il avait commencé à branler, au lieu de le confier à un mécanicien confirmé ?

Les vigiles s'esclaffèrent. Le charme était rompu.

Après avoir rageusement jeté sur le siège avant le responsable de son échec, elle ne fit même pas mine de chercher son invitation et repartit au combat, traversant cette fois la route au pas de charge.

— Toujours rien ? lui lança Laurel, ironique.

— Non, je l'ai oubliée.

— Alors au revoir.

— Je ne m'en irai pas.

— Oh que si !

— Oh que non !

— Oh que...

De toute évidence, cet imbécile ne céderait pas...

Heureusement, une idée fabuleuse venait de germer dans son cerveau.

— Écoutez, je suis invitée. Je dois faire un discours, ce soir. Si vous continuez à me mettre des bâtons dans les roues, je me verrai contrainte d'employer la manière forte.

— Allez-y, la défia Laurel.

Ah oui ?

Il le voulait vraiment ?

Elle prit une grande inspiration et se mit à chanter très faux et très fort :

— « C'est la danse des canards, qui en sortant de la mare, se secouent... »

Elle croassait presque.

— Vous êtes ridicule ! Vous pensez vraiment que cette chansonnette ridicule va nous faire changer d'avis ?

— « ... le bas des reins et font coin, coin », continua Lisie, en haussant d'un ton.

— Nous devrions peut-être la faire entrer : elle va faire fuir les invités, essaya de plaider Hardy, montrant à son acolyte un groupe de jeunes femmes qui se dirigeait vers eux.

Effectivement, lorsqu'elles l'aperçurent, elles stoppèrent net leur avancée.

Laurel blêmit, mais tint bon.

— Non. Elle peut brailler autant qu'elle le voudra, elle ne passera pas.

— « Fais comme les petits canards... »

Une moto arriva en trombe et se gara juste à côté de l'entrée.

— Baissez d'un ton, lui intima Laurel, à bout de nerfs.

La victoire s'annonçait ! Il semblait sur le point de craquer !

— « Et pour que tout le monde se marre, remue le popotin et fais coin, coin... »

Le motard enleva son casque, se passa la main dans ses cheveux ébouriffés et éclata de rire.

Lisie cessa brusquement de chanter.

— Lucas ?

5. Sauvetage, salsa et coup de poing

— Salut, ma chérie ! Encore en train de te donner en spectacle ? Tu ne peux décidément pas t'en empêcher !

— Je... Mais... pas du tout ! Je tente de... euh... rentrer, balbutia Lisie, très gênée.

Se couvrir de ridicule en sa présence devenait décidément une habitude...

Lucas, en comparaison, avait fière allure : il portait un jean brut ajusté laissant deviner ses cuisses musclées, et son polo blanc faisait ressortir son teint mat. En son for intérieur, Lisie donna raison à trois cents pour cent à Ludivine : il était beau comme un dieu. Sa moue insolente et ses lèvres pulpeuses faillirent la faire chavirer. Elle eut du mal à réprimer un soupir rêveur.

Pourquoi n'avait-il pas pointé le bout de son nez au moment où elle se la jouait Sharon Stone ?

Elle se morigéna : inutile de se préoccuper de l'image qu'elle renvoyait, pas pour lui en tout cas.

Oui, il était sublime. Oui, il avait fait l'effort pendant quinze minutes de converser normalement sur un banc avec elle, mais il n'en restait pas moins lourd, prétentieux, sans-gêne, dom Juan... Elle en avait eu un aperçu, quand elle lui avait fait visiter le zoo !

Bref, il était inintéressant au possible.

Il s'approcha d'elle avec un claquement de langue désapprobateur.

— Voyons, mon amour, je suis en retard, certes, mais j'avais dit que je te rejoindrais ! Ce n'était pas la peine d'assourdir ces pauvres vigiles !

Où voulait-il en venir ?

Il lui colla un baiser sur la joue et sortit une invitation de sa poche.

Lisie étouffa un hoquet de surprise : c'était la sienne, soigneusement recollée !

Avait-il fait l'effort d'en récupérer les morceaux dans la poubelle de la cafétéria ?

Non...

Patauger dans les ordures pour une nana à la lingerie douteuse, déguisée en ours et connaissant par cœur *La Danse des canards*, ne semblait pas être son genre.

Peut-être était-ce l'œuvre de Ludivine ?

Mais oui, bien sûr !

N'écoutant que son courage, cette brave Lulu avait plongé dans la poubelle, reconstitué le carton, retrouvé Lucas et forcé celui-ci à la rejoindre...

Mais il y avait un hic...

Pourquoi ne s'était-elle pas déplacée elle-même ?

— Excusez ma femme, elle exagère parfois, continua Lucas, s'adressant aux vigiles avec un air de connivence. C'est une grande amatrice de drames. Tenez, voilà son invitation et ma carte de presse.

Laurel jeta un œil au pass-journaliste et parcourut scrupuleusement sa liste.

— Presse, OK, marmonna-t-il de mauvaise grâce.

Il s'empara ensuite de la fameuse invitation.

L'examina.

Examina Lisie.

Examina de nouveau le carton.

— Ce torchon vous appartient ?

Il le tenait du bout des doigts comme s'il s'agissait d'une écœurante crotte de nez.

— Bien sûr que c'est à elle ! intervint Lucas. Notre bouledogue a voulu en faire son quatre-heures, mais je l'ai heureusement stoppé à temps ! Sacré Brutus, hein, chérie ! Mais tu t'entêtes à ne pas vouloir le dresser correctement... Voilà où nous mène ton manque d'autorité !

Lisie lui lança un regard noir.

Il ne pouvait pas la boucler, de temps en temps ?

Il la sortait du pétrin, d'accord, mais était-ce la peine d'en faire des tonnes, en inventant n'importe quoi à son sujet ? S'il y avait un Brutus dans sa vie, elle serait parfaitement capable d'en faire un chien obéissant et bien éduqué, que croyait-il ?

Laurel pinça les lèvres et lui tendit son précieux sésame.

— Bien. Entrez, marmonna-t-il d'un ton aigri.

Ah !

Écrasé, le haricot !

Piétiné comme un vulgaire moustique !

— Vous voyez que j'avais raison, je SUIS invitée, fanfaronna-t-elle, revancharde.

L'autre ne prit pas la peine de lui répondre et lui tourna le dos.

— N'est-ce pas qu'il y avait une erreur, sur votre fameuse liste ? insista-t-elle en lui tapotant l'épaule.

— N'en rajoutez pas et avancez, lui chuchota Lucas, en l'entraînant fermement sur la grande allée menant à la salle de réception.

Quel rabat-joie !

Si on ne pouvait plus se réjouir des victoires de la vie, quel intérêt ?

Et puis, il la hérissait, à lui serrer le bras comme cela !

Crotte à la fin ! Elle n'était pas un vulgaire caniche en laisse !

— Lâchez-moi ! cria-t-elle, se dégageant brusquement de son étreinte.

— OK. Mais laissez ces pauvres gars tranquilles et concentrez-vous sur votre but.

Voilà qu'il se prenait pour son coach, maintenant !

— Je n'ai pas de leçon à recevoir d'un petit journaliste de pacotille ! Et ce n'était pas nécessaire de nous faire passer pour un couple ou de me faire endosser le rôle de l'épouse hystérique !

— Vous n'avez pas trouvé ça drôle ? Vous n'êtes pas une marrante, vous ! Mal éduquée, en plus ! Pas même un petit merci ! J'ai tout de même dû fouiller une poubelle répugnante pour vous !

Il l'avait donc fait de sa propre initiative !

L'agacement de Lisie s'atténua légèrement.

Le geste était assez chevaleresque. Très Lancelot des Temps modernes !

Il n'avait pas hésité une seconde à mettre son honneur entre parenthèses pour secourir une demoiselle en détresse.

Mais un vrai chevalier ne l'aurait pas rabaissée ainsi... et ne lui ferait pas sentir lourdement le poids de son sacrifice !

Décidément non, il ne méritait pas de remerciements.

— Cet après-midi, vous êtes-vous seulement excusé de m'avoir insultée ?

— Mmmh, il me semble vous l'avoir proposé, mais vous avez refusé de...

— Pourquoi vous êtes-vous donné la peine de venir ? le coupa-t-elle sèchement.

— Après ce valeureux sauvetage, je pense qu'on pourrait se tutoyer, non ?

Il se faisait un plaisir de tourner autour du pot.

Tout pour la mettre hors d'elle !

Mais elle n'entrerait pas dans son jeu. Pas cette fois.

Elle resterait digne et altière.

— Pourquoi es-TU venu ? reprit-elle avec un calme feint.

— Il m'a semblé que tu aurais besoin d'aide. Non

que je remette en cause ton pouvoir de séduction, mais... apparemment, j'avais raison. *La Danse des canards* ? Sérieusement ?

Et voilà. Il recommençait son cinéma : regard moqueur, sourire impertinent...

— Figure-toi que je chante comme une diva, quand je veux.

— Je n'en doute pas, tu m'en as donné un bel aperçu !

— J'allais y arriver sans ton aide ! explosa-t-elle, tapant du pied.

Oui, bon, on repasserait pour l'attitude digne et altière.

— La tenue n'a pas fonctionné ? Étonnant !

Lisie s'arrêta net. De l'ironie ?

Il n'allait tout de même pas s'attaquer à son physique !

— Allez, avance. Tu es superbe, ajouta-t-il avec flegme. Je ne comprends pas que ces deux chiens de garde ne soient pas immédiatement tombés sous le charme.

Elle lui emboîta le pas, l'observant à la dérobée.

Impossible de savoir s'il plaisantait. Dans le doute, elle ne releva pas.

— Tu n'avais pas rendez-vous avec Anastasia ou Sabrina ou une autre nana en *a* ce soir ?

— Si, mais ça peut attendre... Vise-moi ça ! Ils ont fait les choses en grand.

Ils venaient de pénétrer dans l'antre de La Voile bleue. Lisie approuva. La piste de danse était occupée par un cracheur de feu qui se démenait au milieu de superbes filles en boubou, lancées dans une danse tribale étourdissante. Une quantité de plantes vertes embaumaient l'endroit et les invités rivalisaient d'élégance. Certains applaudissaient les artistes, d'autres se promenaient nonchalamment sur la plage ou buvaient un verre sur de petites tables dressées sur le sable. C'était tout bonnement enchanteur.

... Mais cela ne faisait pas avancer le schmilblick.

Elle fut soudain frappée d'angoisse. Ses efforts pour

entrer, ainsi que les idioties puériles de Lucas, l'avaient jusqu'ici empêchée de s'inquiéter, mais maintenant qu'elle était dans la place, sur le point de s'imposer, son initiative lui paraissait insensée.

Qu'était-elle venue faire ici, avec sa robe trop petite ? Sans réelle invitation ?

Elle avait fait preuve de stupidité en suivant les conseils de ce rustre de Lucas.

Il la conduisait à sa perte.

— Comment vais-je me débrouiller pour prononcer mon discours ? Je sais qu'il y a d'autres intervenants, mais je suis rayée du planning. Je dois trouver le directeur pour lui parler, le convaincre de... Je ne sais pas. Non, je vais rentrer, c'est plus sage. Je n'aurais jamais dû venir, c'était stupide.

— Mes idées ne sont jamais stupides.

Elle haussa les sourcils, perplexe.

— Sauf quand j'ai bu, précisa-t-il. Calme-toi... Franchement, ce n'est rien.

— Tu plaisantes ? Tu ne comprends pas...

— À quelle heure était normalement prévue ta présentation ? l'interrompit-il, attrapant au passage une coupe sur le plateau d'une serveuse qui lui adressa un sourire adorateur.

Si cette fille le connaissait un tant soit peu, songea Lisie, *elle rangerait sa béatitude au placard.*

— 20 heures... Dans cinq minutes. J'étais censée être la première à passer.

— Alors viens !

Il lui prit la main et se dirigea tout droit vers la scène.

Elle n'eut d'autre choix que de le suivre : il l'agrippait comme si sa vie en dépendait.

— Attends-moi ici.

Il lui confia son verre, se hissa en un tournemain sur l'estrade et aborda le DJ, avec qui il entra en grande conversation.

Lisie suivait anxieusement le film muet qui se déroulait devant ses yeux. Elle ignorait pourquoi cet homme déroutant prenait la peine de l'aider, mais pria silencieusement pour qu'il mène sa mission à bien... Ce fut apparemment le cas : Lucas se retourna, lui faisant signe d'approcher.

Elle posa les mains sur le parquet en hauteur, prit son élan, puis se ravisa.

Non.

Bondir sur scène comme un cow-boy était exclu avec cette robe...

Franchement, c'était aussi pratique que d'avoir une queue de sirène ! Elle se promit de jeter cette aberration vestimentaire à la poubelle dès son retour à la maison.

Il devait bien y avoir un petit escalier pour accéder à la scène... Mais où diable se cachait-il ?

Lucas observa son manège et s'approcha. Il la souleva sans la moindre difficulté et la déposa au milieu de la scène.

Waouh !

Il lui donnait l'impression de ne pas peser plus lourd qu'une plume ! Il n'avait même pas forcé !

— À toi de jouer, maintenant !

Elle le retint par la manche.

— Attends, je...

— Débrouille-toi, j'ai fait ma part !

Il lui donna une tape aux fesses et sauta de la scène.

Vraiment... un chevalier des Temps modernes...

Pensait-il que son précieux soutien et ses biceps développés lui permettaient un geste aussi familier ?

Comment pouvait-on être aussi beau et aussi mal élevé à la fois ?

La musique cessa et l'assemblée se fit silencieuse. Même le cracheur de feu suspendit son geste alors qu'il s'apprêtait à enflammer la salle. Peu à peu, les gens affluèrent de la plage et la totalité des invités se massèrent devant la scène.

— Mesdames, messieurs, je vous souhaite la bienvenue ! commença le DJ, qui s'était placé à côté d'elle. Ce soir, vous pourrez assister à plusieurs miniconférences qui visent à vous présenter les nouveautés de la saison, ainsi que certaines mises en œuvre des plus grosses entreprises de la ville. Les discours seront suivis d'un buffet convivial et, bien sûr, d'un bal *dance floor*. Nous commençons sans plus attendre avec Mlle Para, directrice de la communication de la réserve de M. Lafable.

Lisie se racla la gorge.

Tous ces regards braqués sur elle... sur sa tenue... sur ses bourrelets, ses poignées d'amour, ses cuisses dodues...

Cela n'avait rien à voir avec le karaoké, c'était intimidant au possible !

Elle tira nerveusement sur sa robe, s'empara du micro que lui tendait le DJ et hésita.

Un groupe, tout près de la scène, se mit à chuchoter, suivi d'un autre...

Elle devait absolument sortir de son mutisme ! Ils allaient finir par lui lancer des tomates !

— Alors ! s'impatienta un homme à droite.

Lisie rougit et son regard rencontra celui de Lucas. Doux, bienveillant, encourageant.

Tiens, tiens... un héros dont Nora serait fière se planquait-il en lui, bien enfoui sous la grossièreté ?

Elle crut même déceler une pointe d'admiration sur son visage.

Cela suffit à lui donner confiance.

Elle inspira, but une gorgée du champagne qu'elle tenait toujours à la main et attaqua.

— Bonsoir ! Je suis venue vous présenter notre projet innovant : le Zoo-cocktail. Non, rassurez-vous, il ne s'agit pas de boire un verre en tête à tête avec un zèbre...

Elle fit une pause, attendant quelques rires, mais rien ne se produisit.

Pas même un petit gloussement poli !

Le flop.

« Non, rassurez-vous, il ne s'agit pas de boire un verre en tête à tête avec un zèbre... »

Franchement, à quoi s'attendait-elle ?

Ce n'était même pas une blague à proprement parler !

Elle se racla de nouveau la gorge, avala sa salive et se força à continuer.

— Vous avez toujours rêvé de réceptions originales ? De dîners d'affaires enlevés ? D'anniversaires inoubliables ? Alors j'ai la solution...

Du coin de l'œil, elle vit une femme splendide aborder Lucas avec une myriade de sourires mielleux.

Incroyable ! Il les attirait comme des mouches !

Elle se détourna. Il pouvait bien fricoter tout son soûl, cela ne la regardait pas. Il l'avait aidée, elle avait obtenu ce qu'elle voulait, point final.

Ne pas se laisser déstabiliser.

Concentration.

— Dès la fin de l'été, vous pourrez réserver vos soirées au zoo. Nous sommes là pour vous épauler et vous guider dans toutes les étapes de leur réalisation : du choix de l'aile dans laquelle vous voulez organiser votre événement aux détails finaux. Nous vous garantissons des moments inoubliables : un orchestre, une chanteuse ou un DJ, des menus somptueux, que nous élaborerons en votre compagnie. Nous vous offrons un cadre idyllique et original. Qui n'a jamais rêvé d'avoir accès à un zoo de nuit ?

Elle était lancée. Sa nervosité avait totalement disparu.

Elle poursuivit avec entrain, prise dans son discours, décrivant les différents types de formules, de décorations, d'ambiances proposées.

Le public ponctuait maintenant ses paroles de *oh* et de *ah* enthousiastes.

Enfin !

Ils en avaient mis du temps, à déceler le génie en elle !

Mlle Para a inauguré hier le concept Zoo-cocktail en fêtant dignement ses 26 ans. Moi, votre chère envoyée spéciale, ai eu l'honneur d'assister à la somptueuse fête dont la directrice de la communication était la reine. Les mets étaient d'une finesse sans égal, l'orchestre a merveilleusement interprété l'œuvre de Nina Simone et la vaisselle en cristal a joyeusement teinté dans l'Allée des Ailes. Seule ombre au tableau : un infernal perroquet qui n'a cessé de proférer des insanités apparemment tirées d'un film d'horreur et d'insulter les convives. Il m'a d'ailleurs très injustement traitée de « tronche de lasagne pas fraîche ». Excepté ce bémol, je donne un 10/10, tant à la princesse du jour, absolument superbe dans une robe turquoise taille 36 qui lui allait à la perfection, qu'au cadre idyllique (qui l'aurait été plus encore sans ce maudit sac à plumes). Espérons que le président Obama et le dalaï-lama, qui se rencontreront ici la semaine prochaine, apprécieront la fabuleuse initiative de Mlle Para ! Nous n'en doutons pas, en tout cas ! Belle continuation au Zoo-cocktail !

Lorsque Lisie acheva son discours, les invités, conquis, applaudirent chaudement.

— Si vous souhaitez réserver, je vous invite à me contacter dans les plus brefs délais : vous trouverez mon adresse mail ainsi que mon numéro de téléphone sur le site Internet du zoo. Je vous remercie de votre attention.

Le DJ lui indiqua un petit escalier derrière les rideaux.

Ah ! Il était donc là !

Elle poussa un soupir de soulagement en quittant la scène.

Tout s'était déroulé à la perfection.

Dans l'euphorie du moment, elle eut presque envie de sauter dans les bras de Lucas pour le remercier... Elle le chercha, mais il était introuvable : il avait quitté l'endroit où il s'était tenu au début de sa prestation.

Disparu dans l'ombre de la nuit, comme Batman ?

Non... il était trop m'as-tu-vu pour cela.

Avait-il filé à l'anglaise avec la fille qui l'avait dragué ?

Étrangement, cette pensée, plus que plausible, la troubla.

Elle devait en avoir le cœur net. Elle fendit la foule et atteignit l'entrée, où un cercle s'était formé. Des éclats de voix en jaillissaient.

Que se passait-il ?

Lorsqu'elle approcha, son cœur se mit à cogner dans sa poitrine.

Lucas était au centre du groupe.

Elle se faufila entre deux vieilles dames qui s'éventaient en suivant le spectacle avec intérêt.

Oui, Lucas était au centre du groupe en train de chercher querelle à...

Malheur !

... Théophile.

Oh non !

Le célèbre flair de Gros Chef avait encore sévi. Il avait deviné qu'elle braverait son interdiction et s'était ramené *fissa* pour faire échouer sa présentation...

Elle voulut se précipiter vers eux, mais eut un mal fou à les atteindre.

On lui bloquait le passage, on lui donnait des coups de coude. Personne ne voulait en perdre une miette.

Incroyable ! Les gens n'avaient-ils pas autre chose à faire que d'admirer les poings puissants et l'expression de pure sauvagerie de Lucas ?

En même temps, elle les comprenait... c'était tellement...

Mmmh...

Il pointa un index menaçant en direction de Théophile.

— Vous n'interviendrez pas. Laissez-la finir son discours !

Ohé ! Du bateau !

Youhou !

Son discours ÉTAIT terminé !

Trop occupés à s'asticoter, ils ne l'avaient même pas remarqué.

Un vrai combat de coqs !

— J'ai tous les droits, je suis le patron ! Cette présentation a été annulée par mes soins ! Qui êtes-vous pour intervenir ?

Si Théophile avait été un dragon, ses naseaux auraient craché du feu : il était rouge de colère et secouait follement la tête. Des pellicules voletaient çà et là autour de son crâne.

— Je tente seulement de comprendre pourquoi vous avez fait ça, rétorqua Lucas. Vous manquez singulièrement de jugement. Ou peut-être est-ce tout simplement de la bêtise. Oui... à bien y réfléchir, ce doit être ça : vous êtes d'une stupidité effarante pour ne pas remarquer que l'idée de votre employée va vous rapporter gros !

Hé ! Ho ! Elle était un peu plus qu'une simple poule aux œufs d'or !

Elle réussit à se glisser derrière lui. Elle le tira en arrière, mais il ne réagit pas.

— Poussez-vous de là, misérable petit merdeux ! rugit Théophile. Et vous pouvez faire une croix sur votre reportage chez nous !

Il projeta soudain son corps massif sur Lucas, qui fit un bond agile sur le côté.

Lisie vit alors son gros bœuf de patron fondre sur elle. Elle n'eut pas le temps de réagir.

Le mur de Berlin s'abattit sur elle...

Deux cents kilos sur sa poitrine, qui lui parut à cet instant fragile comme une brindille...

Le choc lui coupa le souffle.

Elle ne souffrit cependant pas longtemps : Lucas releva le mastodonte avec une facilité déconcertante et lui administra un magistral coup de poing. Son adversaire s'affaissa, se tenant le nez des deux mains.

— Tu n'as rien ? lui demanda-t-il ensuite.

Enfin, il se rendait compte de sa présence !

Elle voyait double, mais crut surprendre une lueur d'inquiétude dans son regard.

— Non, je crois que j'ai survécu, répondit-elle en se tâtant les côtes.

Être rebondie avait finalement ses avantages : airbag naturel imparable !

— Que se passe-t-il, ici ?

Zut, il ne manquait plus que lui !

Laurel venait s'en mêler...

— Encore vous ? grogna-t-il, en avisant Lisie.

— Ce fou furieux m'a agressé sans raison, hurla Théophile, les mains pleines de sang. Arrêtez-le ! Faites-le coffrer ! Et son imbécile de donzelle également !

Lucas le toisa.

— Vous êtes pathétique.

— Venez, monsieur, lui ordonna Hardy, qui avait suivi Laurel comme son ombre.

— Hors de question, rétorqua Lucas. Cet hystérique voulait gâcher la prestation de mon amie et il l'a agressée. Il n'a eu que ce qu'il méritait.

Son amie ?

C'était nouveau...

Quoiqu'il se soit battu pour elle...

Est-ce que Jo, ou n'importe lequel de ses ex, aurait fait cela pour elle ?

Certainement pas !

Laurel saisit le bras de Lucas qui se dégagea en le repoussant violemment. Le haricot tomba, les quatre fers en l'air.

— Attrape-le ! ordonna-t-il à son collègue, en tentant de se relever.

Lucas se précipita vers Lisie.

— Viens ! On dégage !

Ils pressèrent le pas le long de l'allée, suivis de près par Hardy.

Lisie avait un mal fou à suivre le rythme.

« Cette merveille DOIT sortir de ton dressing ! »

Foutue Ludivine et ses conseils à la noix !

Elle ne pourrait courir très longtemps. Ses compensées la faisaient souffrir le martyre...

Elle ralentissait... ralentissait...

Lucas la saisit alors à bras-le-corps, la jeta sur ses épaules comme un sac de patates, puis la déposa quelques mètres plus loin devant sa moto, qu'il enfourcha.

— Vite ! Grimpe !

— Je... Je ne peux pas, avec cette robe, je...

Il cala la moto, s'agenouilla, agrippa la robe du côté droit et la déchira jusqu'en haut des cuisses.

Se montrait-il aussi sauvage dans l'intimité ?

Lisie en frissonna rien que de l'imaginer.

— Voilà. C'est mieux ?

— Nettement !

— Alors grimpe !

Hardy, qui les avait rejoints, lui saisit le bras et tira dessus comme un forcené.

Dans la folie de l'instant, Lisie n'écouta que son instinct. Elle lui mordit le doigt, ce qui surprit le vigile et lui fit immédiatement lâcher prise, puis elle enfourcha la moto avec un rugissement victorieux.

Lucas démarra en trombe.

— Accroche-toi ! cria-t-il.

Elle passa les mains autour de sa taille et se retourna vers La Voile bleue.

Hardy, hébété, les regardait s'éloigner.

Où l'emmenait Lucas ?

Devrait-elle attendre le lendemain pour récupérer sa voiture ?

Cette balade n'était en tout cas pas pour lui déplaire.

Elle se blottit contre son sauveur et ne souffla mot, se laissant guider.

Ses cheveux volaient dans tous les sens, ce qui devait lui donner l'air d'une possédée, et la déchirure de sa robe remontait dangereusement, mais tant pis...

Même si la riposte plus que probable de Théophile l'inquiétait, elle avait le cœur léger.

Sa présentation avait été rondement menée et, quoi qu'en dise par la suite Gras-double, l'enthousiasme du public resterait vivace.

Sa messagerie serait pleine à craquer dès le lendemain, elle en était certaine.

Et Lucas...

Lucas s'était montré surprenant.

Un mâle, un vrai de vrai !

Elle se laissa aller à fantasmer un maximum, oubliant les défauts de l'homme, se rejouant la scène du combat à trois reprises, ajoutant chaque fois un baiser torride en grand final.

Quinze minutes plus tard, Lucas ralentit et se gara devant un petit restaurant en bordure de plage.

— Tu veux manger quelque chose ? proposa-t-il, en l'aidant à descendre de son engin.

— Volontiers.

Il lui fit un clin d'œil et l'entraîna à l'intérieur.

Était-ce un rencard en bonne et due forme ou sa technique de drague habituelle ?

Avait-il fait le coup du sauvetage-restaurant à toutes les nanas en *a* ?

Une voix chaleureuse les accueillit, interrompant ses spéculations.

— Voyez-vous ça ! Mon voyou est venu me rendre visite !

La jolie brune pulpeuse qui se tenait derrière le comptoir fonça sur eux, serra affectueusement Lucas dans ses bras et scruta Lisie des pieds à la tête.

Puis elle se tourna vers un beau spécimen mâle qui faisait le service.

— Hé ! L'ours ! Regarde qui est là ! Miracle, il est accompagné d'une fille ! Charmante, en plus !

L'homme leur fit un signe amical de la main.

— Je te présente ma sœur Sérafina, dit Lucas en riant. Et celui qui tient le plateau, là-bas, c'est son mari, Esteban. Sérafina, voici Lisie.

Lisie la salua et se sentit immédiatement à l'aise. Cette femme aux yeux doux et charbonneux dégageait une aura chaleureuse.

— Alors ? lança cette dernière. Depuis quand me caches-tu cette tourterelle ?

— Je ne t'ai rien caché, puisque nous nous sommes rencontrés hier... Et cette tourterelle, comme tu dis, ne fait que me voler dans les plumes depuis. Enfin... elle a ses raisons, j'ai peut-être été légèrement irritant, concéda Lucas.

— Tu as l'art de toujours te montrer sous ton meilleur profil ! répliqua sa sœur d'un air moqueur.

— Elle est surtout très susceptible... Bon, si tu nous trouvais une table au lieu de jacasser comme une pie ?

Sérafina lui donna une légère tape sur la tête.

— Un peu de respect pour ta sœur préférée ! Mettez-vous au fond, là-bas, vous serez bien. Seiches à la plancha et Clos du Chêne pour le rosé ?

— Parfait.

Eh ! Il aurait pu lui demander son avis, tout de même !

Enfin, il avait admis qu'il avait été « légèrement irritant ». C'était un bon début.

Une fois assis, Lucas la dévisagea, le sourire aux lèvres.

— Alors cette intervention ? J'ai cru comprendre qu'elle a été un succès, même si je n'ai pas pu la suivre en entier.

— Les gens ont semblé intéressés, oui. J'attends maintenant les réservations, mais je suis confiante. Que s'est-il passé avec Théophile ?

— J'allais chercher un verre de champagne, quand je

l'ai vu. Il semblait sur le point d'exploser. Une minute de plus et il provoquait un esclandre. Je l'ai stoppé.

Il haussa les épaules, comme si son geste avait été naturel, évident...

— Plus que ça ! Tu lui as cassé le nez !

— Tout de suite les grands mots ! Ce n'est qu'une petite foulure ! Par contre, toi, j'ai bien cru que tu allais finir étouffée sous ce pachyderme.

— Je n'ai aucune séquelle. Actuellement, la seule souffrance que j'endure est celle provoquée par la bride de mes chaussures.

— Enlève-les !

— Quoi ? Ici ?

— Tu crois quoi ? Que les autres clients ont les yeux rivés sur tes pieds ?

Il avait raison, après tout.

Elle obéit donc. Elle ôta ses chaussures et en ressentit un soulagement immédiat.

— Je suis désolé pour ta robe, mais je n'avais pas le choix.

Des excuses ?

— Ce n'est pas grave, elle était trop petite, de toute façon.

— Mais un corps comme le tien mérite du trop petit ! Je dirais même que le trop petit est de rigueur pour nous faire profiter du charmant spectacle de tes formes !

Tentait-il une approche de séduction ?

Pas *supra* galante, d'accord, mais Lisie prit conscience avec stupeur que cela ne lui déplaisait pas. Elle rit même de bon cœur à la flatterie.

— Je te remercie, honnêtement. Sans toi, je crois que...

Une sonnerie de téléphone l'interrompit.

Pile au moment où cela devenait intéressant !

Lucas prit l'appel avec un air d'excuse.

— Oui, Anastasia ! Je comprends... Que se passe-t-il ? Oui, attends...

Il se leva et s'éloigna.

Dès qu'elle baissait la garde, la réalité la rattrapait.

C'était le destin.

Mais aussi, comment avait-elle pu imaginer une seconde qu'elle plaisait à cet apollon ?

Il devait être en train de trouver une excuse bidon ou pire, de dire la vérité à sa maîtresse...

Excuse-moi, Anastasia, mais j'ai porté secours à une pauvre fille pathétique. Oui... Elle est harcelée par son patron et elle m'a fait pitié. Quoi ? Non, ne t'inquiète pas ! Elle ne me plaît absolument pas, tu penses ! Une taille 44 camouflée dans du 42... Enfin, j'ai fait ma BA du jour. On se voit demain ? Oui, bisous, mon petit bichon. Non, toi raccroche... Non, toi. Allez, on raccroche ensemble... Un, deux, trois... Ah ! Tu n'as pas raccroché, moi non plus...

— Et une seiche à la plancha, une !

La voix de Sérafina tira Lisie de ses ruminations.

— Tout va bien ? demanda-t-elle avec sollicitude, après avoir déposé sur la table deux assiettes fumantes.

Lisie repoussa ses idées noires.

— Oui, pardon, j'étais plongée dans mes pensées !

— Où est passé Lucas ?

— Au téléphone.

Sérafina s'assit en face d'elle et leur servit un verre de vin.

— Tu sais, je suis très heureuse de te rencontrer. Ça fait des années que Lucas ne nous a pas présenté une fille. Depuis...

Elle hésita et se reprit.

— Enfin, ravie que tu sois là ce soir.

— Merci, mais je crois que tu fais fausse route. Je ne suis qu'une connaissance.

— S'il t'a amenée ici, je n'en suis pas si sûre.

Ah bon ?

Lisie envisagea soudain la conversation téléphonique sous un angle différent…

Excuse-moi, je n'étais pas disponible ce soir et je ne le serai d'ailleurs plus jamais. J'ai porté secours à une superbe fille dont je suis tombé éperdument amoureux… Oui, oui, pour la vie. Je m'apprête à la demander en mariage, à lui offrir un monstrueux diamant et à l'emmener fêter ça à Honolulu. C'est une femme, une vraie : taille 42. Que dis-je ? Mieux ! Taille 44 ! Même affublée d'une peau d'ours, elle surpasse en beauté toutes les femmes de la Terre. Je suis désolé, tout est fini entre nous. Ne tente plus jamais de m'appeler.

Lisie soupira.

Ses rêves éveillés ne menaient à rien.

Il était évident qu'elle ne faisait pas le poids face à cette Anastasia qui devait être une bombe sexuelle.

C'était bien connu, les personnes au physique avantageux s'attiraient comme des aimants… Eva Longoria et Tony Parker, Angelina Jolie et Brad Pitt…

Quoique, Monica Bellucci avait bien succombé à Vincent Cassel !

Enfin, ce n'était qu'un contre-exemple au pays merveilleux des couples glamour.

Elle sursauta quand une main se posa sur son épaule.

— Me revoilà ! dit Lucas qui se rassit en face d'elle, à côté de sa sœur. Alors, Sérafina, salsa, ce soir ?

— Bien sûr ! Mangez et on dansera !

Elle leur fit un clin d'œil, se leva et rejoignit le comptoir.

Il y avait une soirée salsa prévue au programme ?

De la *salsa* ?

Lisie pria de tout son cœur pour ne pas être invitée.

Tortiller des fesses sur du Rihanna était une chose parfaitement accessible, mais effectuer une chorégraphie complexe et en rythme lui paraissait tout bonnement impossible.

— Où en étions-nous ? demanda Lucas, en avalant une bouchée de son plat.

Lisie picora une frite. Elle mourait d'envie de dévorer son assiette, de tremper ses pommes de terre bien huilées dans une tonne de mayonnaise, mais elle se retint : elle ne souhaitait pas passer pour une ogresse affamée.

— Je ne sais plus... Enfin, si ! Tu vantais les charmes de mon corps de rêve, s'enhardit-elle à répondre, après trois gorgées de rosé.

Elle avait dit cela en riant, comme on le ferait en débitant une bonne blague.

Lucas la fixa avec son éternel petit sourire en coin.

Lisie préféra changer de sujet.

— Comment vas-tu faire pour achever ton documentaire, maintenant ? La porte de la réserve t'est fermée à vie...

— Après ton départ, j'ai eu le temps de prendre une bonne quantité de clichés. Au pire, s'il en manque, Phil me laissera entrer !

Phil...

Il lui parut soudain bien fade...

Plus du tout Philie-sexy.

Non !

Il fallait impérativement qu'elle se détourne de cette pente glissante. Elle n'allait tout de même pas s'enticher d'un homme simplement parce qu'il avait fouillé une poubelle pour elle, fait en sorte qu'elle puisse commencer ET achever la présentation qui lui tenait à cœur, et mis son pire ennemi au tapis, avant de lui présenter sa famille !

— C'est délicieux ! dit-elle après avoir goûté la seiche. Ça fait longtemps que ta sœur et son mari tiennent ce restaurant ?

— Des années ! Il a un succès fou. Les gens du coin le surnomment « Le cœur du Brésil ». Esteban et Sérafina ont vécu à Rio pendant longtemps. Elle l'a rencontré là-bas, alors que nous étions en vacances.

Il se lança dans une description colorée de son séjour.

Il avait l'art de faire voyager son auditoire : elle était subjuguée...

Lèvres ourlées...

Yeux en amande...

Il s'interrompit brusquement, pointant du doigt sa sœur qui s'était hissée sur le comptoir.

— C'est l'heure de la salsa ! annonça-t-elle, vibrante. Que ceux qui mangent continuent à se régaler, que ceux qui boivent poursuivent leur affaire tranquillement, mais avec modération, et que ceux qui souhaitent bouger le fassent !

Les applaudissements fusèrent. Esteban la fit gracieusement redescendre avant de l'entraîner sur la piste de danse.

Ils se lancèrent alors dans une salsa endiablée, s'accordant à la perfection et ne se lâchant pas du regard jusqu'à ce que la musique cesse.

Les clients les applaudirent et se levèrent à leur tour pour danser.

Sérafina et Esteban vinrent les rejoindre.

— Tou danses ? proposa ce dernier à Lisie.

Dieu que cet accent brésilien était sensuel !

Elle aurait tout donné pour lui...

Sauf une salsa.

— Tu sais, je ne suis vraiment pas douée... Je ne crois pas que...

— Tou plaisantes ? Pas besoin d'êtrrre doué pour la salsa, c'est natourrrel !

Natourel, natourel...

Il était optimiste, lui !

— Non, vraiment...

— Pas de discoussion, viens !

Il lui laissa à peine le temps de remettre ses chaussures avant de la traîner sur la piste de danse pour la faire virevolter dans tous les sens.

C'était abominable. On aurait dit qu'il avait appuyé sur la touche « accéléré » d'une télécommande.

Elle ne suivait pas du tout le rythme, trop occupée à ne pas trébucher.

Ce qui devait arriver arriva : elle lui écrasa le pied de tout son poids et, mortifiée, s'excusa.

— Ce n'est rrrien, tou penses !

Il était galant, mais elle vit bien le petit rictus de souffrance qui tordit sa bouche.

Normal.

Il était en tongs.

Sans se décourager, il la fit de nouveau valser à droite, à gauche et rebelote.

À ce rythme-là, il n'allait pas tarder à l'envoyer dans le décor.

C'était un calvaire ! À force de tourner dans tous les sens, elle n'avait plus les idées claires.

Pourvu que Lucas ne prête pas attention au carnage !

Elle jeta un coup d'œil dans sa direction : bien sûr qu'il y prêtait attention, et il avait même l'air de bien en rire !

Elle tenta de s'appliquer, mais plus elle s'escrimait, plus elle se perdait dans les pas.

Esteban tentait maintenant de faire des doubles nœuds avec ses bras. Quand cette danse infernale prendrait-elle fin ?

— Outch ! Tou ne m'as pas rrraté, cette fois !

Il essuya une larme.

Elle lui avait écrasé les deux pieds.

Simultanément.

— Désolée, vraiment. Tu ne veux pas qu'on arrête ? Je suis nulle !

— Pas question, tou n'abandonnes pas ! On ne fouit jamais la danse, on la vit !

C'était un grand malade.

Voulait-il finir avec un orteil dans le plâtre ?

Il reprit de plus belle. Alors qu'il la faisait basculer en arrière, elle en profita pour chercher Lucas du regard.

Il l'observait toujours, l'air hilare.

— Aide-moi, implora-t-elle silencieusement.

Il éclata de rire et se leva, mais mit un temps fou à approcher : Esteban eut le temps de la faire passer TROIS FOIS entre ses jambes.

Entre ses jambes !

Comme dans un rock acrobatique !

Elle allait mourir, s'il ne cessait pas immédiatement.

La frite qu'elle avait ingurgitée menaçait de se faire la malle.

La totalité de la salle avait dû voir sa culotte.

Sur ses talons devaient fleurir au moins six ampoules...

Elle allait rendre l'âme.

Un autre tour, puis un autre... et elle se sentit enlevée.

Elle se retrouva dans les bras de Lucas qui adopta un rythme bien plus lent.

Bien plus... sensuel.

— C'est mieux, comme ça ? chuchota-t-il.

Quoi ?

Aucune moquerie ?

Aucune remarque désobligeante ?

Elle attendit une... deux... trois minutes et se détendit, se contentant de danser, blottie contre lui.

6. Snickers, mail et mauvaises surprises

Lisie poussa si violemment la grille du zoo que celle-ci percuta le mur dans un fracas assourdissant. Anatole, guichetier depuis vingt ans, en sursauta de frayeur et la contempla, l'air ahuri.

Elle tenta alors de lui sourire, mais sa bouche refusait obstinément d'obéir. Tant pis, il se contenterait d'un signe de tête courtois.

Ne pouvait-elle pas, de temps à autre, se permettre un élan de mauvaise humeur ? Sérieusement, qui pouvait afficher une bonhomie à toute épreuve, trois cent soixante-cinq jours par an ?

Faisant un détour pour longer l'immense prairie des suricates qui agissait sur elle comme un baume et calmait son courroux, Lisie s'avoua avec dépit que ce qu'elle ressentait ne se résumait pas à de la contrariété : rage, honte et déception se disputaient dans son esprit.

La soirée de la veille avait pourtant si bien commencé...

Certes, elle avait enduré quelques moqueries de Lucas, relatives à son interprétation très personnelle de la salsa, mais excepté ce détail, il s'était montré charmant, parlant de tout et de rien avec une légèreté rafraîchissante.

Et dire que Jo, lors de leur premier rendez-vous,

avait insisté pour lui expliquer en détail la philosophie de l'existentialisme ! Elle s'était contentée d'acquiescer en prenant un air entendu pendant deux interminables heures, s'ennuyant à mourir et priant pour que le temps s'accélère. En comparaison, les moments passés à bavarder avec Lucas étaient comme déguster de la barbe à papa.

Elle aurait dû se méfier...

Trop beau pour être vrai.

Premier bémol : la mystérieuse Anastasia. Elle avait appelé une seconde fois. Lisie aurait bien aimé lancer Lucas sur le sujet, profitant de leur intimité naissante et d'un quatrième verre de rosé, mais n'avait pas osé. À quoi cela aurait-il servi ? Qu'aurait-il pu lui répondre ? Que c'était sa maîtresse favorite ? Ou, pire, allait-il se fendre d'un mensonge du type « C'est ma meilleure amie, il ne se passera jamais rien entre nous, je te jure... » ? Non, vraiment, quel intérêt de creuser ?

Puis il y avait eu cette fille, là... une « amie », qui s'était jetée dans ses bras pour le saluer en le zieutant comme si elle faisait face au Messie. Un Messie doté d'une sensualité hors norme...

Et les dernières minutes qu'ils avaient passées ensemble et qui s'étaient avérées désastreuses... Oui, c'était là que ça avait mal tourné. Elle ne cessait depuis de se passer la scène en boucle.

— Merci de m'avoir sauvée, distraite et ramenée jusqu'ici.

Lucas éteignit le contact et la regarda avec ce petit air ironique qui, décidément, le caractérisait.

— Mais de rien, je te devais bien ça.

— Tu veux dire que tu l'as fait uniquement parce que tu m'as traitée de greluche et de couleur locale lors de notre première rencontre ? minauda-t-elle, tentant de lui arracher un compliment ou, mieux, un baiser torride.

Il hésita, parut réfléchir un instant, avant de répéter :

— Je te devais bien ça.

Net comme un couperet.

Malgré tout pleine d'espoir, Lisie patienta : il allait poursuivre en lui avouant que si, au départ, il s'était décarcassé uniquement dans le but de se racheter, il avait finalement passé un moment prodigieux et qu'il était totalement, irrémédiablement fou d'elle (et pour la vie).

ÇA VA CHAUFFER, MESDAMES !

Après *Cinquante nuances de Grey*, E. L. James s'inspire d'une histoire vraie pour son quatrième roman, *Voluptés inattendues*. En voici un extrait, en avant-première, pour vous seulement ! Accrochez-vous, émotions garanties !

« Lucas, excédé d'attendre, s'approcha d'elle et l'attira fermement par la nuque. Sa poigne virile fit naître de folles arabesques de plaisir entre les cuisses de sa victime consentante. Celle-ci laissa échapper un halètement de pur plaisir.

— Oh oui ! Prends-moi tout entière, ici, maintenant, gémit-elle, en proie à un désir incontrôlable.

Dans les yeux de son partenaire brillait un désir sauvage, animal. Il la plaqua contre la portière de la voiture, s'agenouilla devant elle, la débarrassa de sa culotte qu'il jeta négligemment à terre. Puis sa langue vigoureuse se déchaîna dans les fleurs de son intimité, agaçant, léchant, ne laissant aucun répit à Lisie qui criait de plaisir.

Lorsqu'il s'arrêta, elle le supplia de continuer, mais il se redressa et la regarda passionnément.

— Je t'aime, souffla-t-il. Et je compte te le prouver… »

Lisie attendit, mais Lucas ne broncha pas. Il l'observait toujours, les fesses sur le siège de son engin de malheur, infoutu d'en descendre pour lui rouler la pelle de l'année.

La vexation monta en elle comme de la bile. Elle se raidit et patienta encore quelques secondes.

Le monstrueux silence s'éternisa et elle dut se rendre à l'évidence : elle ne lui plaisait pas, il la trouvait ridicule. Aussi simple qu'une addition à deux chiffres.

Elle s'était fourvoyée... La faute à Sérafina, avec ses « S'il vous a amenée ici, vous êtes plus que ça » !

Il s'était joué d'elle, tout simplement, l'emmenant au restaurant, la faisant danser collée-serrée contre son torse avantageux, l'enveloppant dans ses bras chauds et rassurants...

Une abominable pensée la frappa soudain, la faisant rougir jusqu'aux oreilles : Lucas et sa sœur organisaient des dîners de con, et elle était la victime choisie pour la soirée.

Il avait eu la certitude qu'elle ferait un con génial avec sa robe déchirée et son indéniable talent pour se vautrer dans le ridicule, et il l'avait invitée...

L'exaspération succéda aussitôt à la honte : elle ne se laisserait pas malmener sans répliquer !

— Merci. Tu n'avais cependant pas à te donner cette peine. Je serais entrée de toute façon à La Voile bleue, sans que tu ne viennes te la jouer pompier au grand cœur. Ravale ta culpabilité, tu ne me dois rien. Ce n'était pas la peine de te fendre d'une soirée au restaurant, soirée qui n'avait rien d'agréable, d'ailleurs.

Il éclata de rire.

— Tu n'avais pourtant pas l'air de penser ça, quand tu t'es jetée dans mes bras !

— Je rêve ! C'est toi qui m'as attirée dans les tiens pour me faire danser ! Mais pour qui est-ce que tu te prends ? Tu crois que toutes les minettes que tu croises t'idolâtrent, comme ces nanas en *a* que tu traînes dans ton sillage ?

— Et la voilà repartie sur les nanas en *a* ! Tu as des idées fixes, toi ! Si je te disais que...

— Non, je n'ai pas d'*idées fixes*, je te considère seulement tel que tu es : un mec volage, irrespectueux et... et...

Sa voix montait dangereusement dans les aigus.

— Alors que toi, tu es parfaite : tu n'émets pas de jugement de valeur sans connaître un tant soit peu les gens, tu leur laisses le temps de se confier, tu es particulièrement douce, agréable...

Stop. Il fallait à tout prix mettre fin à cette discussion : elle allait finir par lui arracher la tête, sinon, et l'envoyer valdinguer comme une boule de billard sur la chaussée.

— Très bien. Laissons tomber ce débat stérile. Nous sommes quittes. Nous n'avons pas à nous revoir et c'est parfait.

— Si tu le prends comme ça !

Il riait toujours.

Incroyable ! Dans une vie antérieure, ce mec-là avait été une hyène.

Elle fouilla son sac avec des gestes saccadés.

— Foutues clés de malheur ! Où sont-elles ?

— Dans ta main.

Effectivement, elle les tenait serrées dans sa paume à s'en faire mal.

Elle se détourna sans un mot, ouvrit la portière de sa voiture et se laissa tomber rageusement sur son siège.

— Tu es au courant que ton rétroviseur se trouve *dans* ta voiture ?

— PARFAITEMENT ! hurla-t-elle, hors d'elle.

— Je dis ça pour ta sécurité, c'est tout...

— Si tu tiens à ma sécurité, ne m'approche plus jamais, d'accord ? Tu t'avises de venir de nouveau m'asticoter, et je pose une main courante. Sache que le commissaire Marco est un ami.

Elle espérait de tout cœur lui clouer le bec. Elle ne connaissait aucun membre des forces de l'ordre, à l'exception du petit gendarme qui l'avait un jour collée en cellule de dégrisement suite à un pari aviné avec Ludivine, mais il n'était pas obligé de le savoir. Ni que le commissaire Marco était un personnage de *Sous le soleil.*

Elle mit le moteur en marche, passa la première et cala. Maudite voiture ! Elle lui faisait le coup chaque fois ! Ébouriffant, le démarrage en trombe...

La seconde fut la bonne et elle lança une dernière œillade assassine à Lucas qui lui fit un joyeux petit signe de la main.

— À bientôt, lança-t-il, réjoui.

— Dans tes rêves, sale type !

Oui, elle s'était rejoué la scène des milliers de fois et, systématiquement, Lucas gagnait la bataille.

Comment faisait-il pour se montrer toujours aussi détaché ? Arrogant ?

Auprès de lui, elle avait le sentiment d'être une poule hystérique.

Il ne la méritait pas, voilà tout... Sa première impression était la bonne : un pauvre mec imbu de sa personne, totalement pitoyable.

Elle devait tirer un trait sur lui, et se préoccuper de son imminente confrontation avec l'innommable Théophile. Ce chien galeux devait se trouver dans son bureau, confortablement vautré dans son fauteuil en cuir, à l'attendre, inventant les pires châtiments pour lui faire payer sa rebuffade de la veille, se délectant à l'idée de la faire souffrir...

Elle en aurait mis sa main à couper, une convocation l'attendait dans son casier.

Elle décida de ne pas récupérer le petit mot griffonné de ses sales pattes : autant affronter directement le monstre, tant qu'elle était d'humeur combative.

Elle se pressa et, d'un pas décidé, pénétra dans l'enceinte du bâtiment administratif, puis s'engagea dans le long corridor menant au repaire de Gras-double.

Lorsqu'elle frappa à la porte entrouverte, celle-ci pivota sur ses gonds.

La pièce était vide.

Théophile l'attendait-il dans le vestiaire du personnel, histoire de la cueillir dès son arrivée ?

Non, impossible.

Officiellement, il détestait se mêler au « petit peuple ». Officieusement, il devait sentir le nuage de haine farouche qui s'abattait sur lui, comme une centaine de piqûres sur sa chair molle, lorsqu'il pénétrait en ces lieux.

Elle s'assit à même le sol.

Elle patienterait un moment et s'il ne se pointait pas, vaquerait à ses occupations, qui se résumeraient à actualiser frénétiquement sa boîte mail dans l'espoir de recevoir une tonne d'inscriptions au Zoo-cocktail.

Après avoir compté les toiles d'araignée, les carreaux rouges, les blancs, et même le nombre de microfissures dans le sol, elle se releva et jeta un œil curieux dans le bureau d'Arsène, que Théophile avait investi.

Il avait eu le culot de décrocher les reproductions de Klimt pour les remplacer par d'affreux drapeaux de l'OM.

Le plouc !

Il n'avait qu'à y retourner, à Marseille, s'il aimait tant que cela son équipe !

Son regard se posa soudain sur l'ordinateur : la boîte mail était ouverte et un message s'affichait.

Lisie vérifia à droite, puis à gauche.

Pas l'ombre d'un chefaillon en vue.

Sa curiosité piquée, elle approcha de l'écran.

De : Théophile Lafable
À : M. et Mme Gontran
Objet : Projet de vente de la réserve…

Elle tressaillit et porta la main sur son cœur qui commençait à tambouriner follement dans sa poitrine.

C'était une plaisanterie ?

Il ne pouvait pas manigancer cela derrière le dos de son père !

Et puis, il n'avait aucune part dans la réserve, elle ne lui appartenait pas !

Non, songea-t-elle, *Arsène n'accepterait jamais... À moins qu'il ne soit dans le coup ?*

Elle poursuivit sa lecture.

Chère madame, cher monsieur,

J'accepte le rendez-vous avec plaisir. Venez donc plutôt vers 18 heures, les visiteurs seront partis et vous aurez tout loisir de visiter le zoo tranquillement...

Un bruit de porte au bout du couloir la fit sursauter.

Théophile ?

Il fallait à tout prix qu'elle sache, qu'elle lise le message jusqu'au bout !

Elle réfléchit à toute allure, avisa l'imprimante jouxtant l'ordinateur et cliqua sur le bouton « imprimer ».

Un message s'afficha :

Imprimer le mail ?

Imbécile de machine ! Depuis quand les ordinateurs étaient-ils devenus stupides, au point qu'il fallait leur répéter les choses ?

Elle appuya trois fois sur « oui », s'empara prestement de la feuille recelant la perfidie de son patron, la fourra dans son sac, sortit en trombe et... buta sur Théophile. Lucas ne l'avait pas raté : son groin était dissimulé sous un énorme bandage qui lui donnait l'air ridicule.

— Que faisiez-vous dans mon bureau ? demanda-t-il, soupçonneux.

Une idée, vite, une idée !

Elle sentait des gouttes de sueur perler sur son front. Elle fouilla dans sa besace pour se donner une contenance et en sortit une barre de Snickers, normalement réservée pour les coups durs. Elle devrait se montrer forte et la sacrifier.

Cas d'urgence.

— Je suis passée vous voir et vous étiez absent. J'allais donc déposer ceci sur votre bureau, en guise d'offrande, mais vous ne m'en avez pas laissé le temps. Je suis sincèrement désolée pour hier soir, je ne sais pas ce qui m'a pris.

Lui lécher les bottes était insupportable, mais il fallait la jouer fine, afin que ce rat pouilleux ne soupçonne rien. Il lui arracha la barre chocolatée des mains et ses yeux se rétrécirent en deux minuscules fentes hargneuses.

— De la cacahuète ? J'y suis allergique, mademoiselle ! Est-ce que vous tenteriez de m'empoisonner ?

Oh non...

— Mais pas du tout ! Je l'ignorais ! Je voulais seulement m'excuser !

Elle replongea dans son sac... Trouver autre chose... Un chewing-gum, tiens ! Cela faisait des décennies qu'il traînait là, mais bon... une confiserie n'avait pas de date de péremption, si ?

— Tenez, une petite sucrerie en guise de calumet de la paix...

— Je hais la chlorophylle ! rétorqua Théophile en déchiquetant la barre. Arrêtez votre cinéma ! Vous allez payer pour hier soir, je ne sais pas encore comment, mais vous verrez...

Il avait un air... oui, un air gourmand. Celui d'un loup vicieux s'apprêtant à dévorer une pauvre blondinette sans défense.

Mais au moins, il ne se doutait de rien...

— Déguerpissez de ma vue, maintenant. J'ai un dossier important à traiter.

Oui, vendre le zoo que ton père t'a confié, sale petit scélérat !

— Allez prendre votre poste. Un car de retraités arrive

dans vingt minutes. Et vous avez intérêt à mettre du cœur à l'ouvrage ! Je ferai remplir un questionnaire de satisfaction aux clients. N'oubliez pas de bien prendre soin des vieux messieurs, ricana-t-il.

Ah ! Il connaissait la lubricité du troisième âge !

Enfin... Elle préférait encore subir une main fripée que les doigts boudinés de Théophile sur son postérieur.

Mais les retraités attendraient... Elle aussi avait des choses plus importantes à faire.

Direction La Maison des rapaces.

Elle entra comme un ouragan dans l'espace de dressage et tomba nez à nez avec Ludivine, qui tentait désespérément de faire obéir sa chouette. Celle-ci voletait çà et là, semblant se moquer éperdument des ordres de sa maîtresse. Dingue ! Lulu avait pourtant fait des progrès en hululement. Elle était encore loin de toucher la perfection du doigt, mais on s'éloignait à vue d'œil du gémissement d'agonie de l'avant-veille.

— Range ta chouette ! C'est urgent !

— On ne « range » pas un animal, Lisie...

— Peu importe, grouille-toi, c'est important.

Ludivine dut sentir l'urgence dans sa voix. Elle dégaina un Haribo, et Vivi se précipita sur elle, gobant le bonbon en l'espace d'un éclair. Sa maîtresse en profita pour lui passer une fine laisse autour de la cheville et l'enfermer dans la volière.

— Alors, cette soirée ? Si tu ne peux attendre midi pour me raconter, c'est que ça a dû être...

— Regarde ce que j'ai trouvé dans le bureau du Sanglier ! l'interrompit Lisie, qui avait étalé le mail imprimé sur ses genoux.

Elles se mirent à lire silencieusement.

De : Théophile Lafable
À : M. et Mme Gontran

Objet : Projet de vente de la réserve…

Chère madame, cher monsieur,

J'accepte le rendez-vous avec plaisir. Venez donc plutôt vers 18 heures, les visiteurs seront partis et vous aurez tout loisir de visiter tranquillement le zoo… Concernant les inquiétudes dont vous m'avez fait part, je tenais à vous rassurer. Je ne détiens effectivement aucune part du zoo, mais mon père suivra ma décision. C'est un vieil homme qui a trouvé l'amour. Il s'est complètement désintéressé de la réserve, ces derniers temps, et nous avons resserré nos liens. Je peux donc affirmer avec certitude qu'il ne verra aucune objection à tirer un trait sur ce zoo. Le fait de vendre la totalité des animaux pour transformer le terrain en un complexe hôtelier le fera certainement tiquer… Mais si vous garantissez de garder ses précieux employés et quelques bêtes en guise de distraction pour les clients, cela ne devrait poser aucun problème. Je sais être persuasif, croyez-moi !
Je vous attends donc ce soir et me ferai un plaisir de vous guider, en vous présentant le potentiel de ce lieu.
Bien cordialement,

Théophile Lafable

L'infâme !

Lisie avait su dès le début qu'il était un Gargamel en puissance, mais de là à tenter de vendre le zoo, de l'éradiquer, même, pour le transformer en vulgaire hôtel ! À déloger des centaines d'animaux, transformer les employés en serveurs et femmes de chambre, jouer sur les sentiments de son père pour lui forcer la main !

C'était donc pour cela qu'il avait joué au retour du fils prodigue, après des années d'absence !

Mais pourquoi cet ignoble projet ?

Les rouages de son cerveau tournaient à toute allure.

Pour les bénéfices, bien évidemment ! En se comportant en fils parfait, soucieux du bien-être de son père, il comptait recevoir une somme rondelette...

Elle tapa du poing sur le banc, ne parvenant qu'à se faire mal, pendant que Ludivine fixait le papier, l'air hébété.

— Qu'allons-nous faire ? Je ne veux pas être séparée de Vivi, ni devenir soubrette !

— C'est évident ! rétorqua Lisie, emplie d'une haine farouche. Je vais embarquer ce beau morceau de poésie, foncer à l'hôpital et tout dire à Arsène. Je t'assure que cette fois, je ne me dégonflerai pas. Notre avenir est en jeu ! Que dis-je ? L'avenir du zoo !

— Tu ne veux pas essayer de l'appeler d'abord ?

— Je dois lui annoncer la nouvelle de vive voix. C'est trop important.

— Je t'accompagne, décida Ludivine en se levant.

— Non. Si Théophile ne nous voit pas toutes les deux, il aura des soupçons. Contacte Betsy, dis-lui de prendre en charge le car de retraités de 9 heures, je lui revaudrai ça. Si tu croises Face de hyène, raconte-lui... je ne sais pas... que j'ai été prise de nausées et que je suis rentrée chez moi.

Elle était presque dehors lorsque Ludivine la héla.

— Tu penses qu'Arsène se laissera convaincre par Théophile ?

Elle paraissait soudain fragile, perdue.

— Ne t'inquiète pas, il n'y a aucune chance, quand il constatera l'étendue de la fourberie de son rejeton. À tout à l'heure. Je te tiens au courant.

Sa voix était assurée, mais au fond d'elle, elle doutait.

Arsène n'avait d'yeux que pour son Yvonne... Ne verrait-il pas dans cette vente une belle opportunité lui assurant une retraite confortable ?

Elle secoua la tête, détestant cette pensée. Elle sortit discrètement du zoo et s'engouffra dans sa voiture.

Jamais le trajet séparant la réserve de l'hôpital ne lui parut si court : elle avait allègrement dépassé toutes les limitations de vitesse, résistant toutefois à la tentation de griller un feu rouge ; finir au poste de police n'était pas l'objectif du jour.

Elle déboula dans la clinique comme une furie, fonça droit vers la chambre d'Arsène et frappa trois grands coups sur la porte.

— Oui ? Entrez !

C'était quoi, cette voix chevrotante ?

Cette voix chevrotante ET féminine ?

Arsène avait-il opté pour un changement de sexe sans l'en avertir ?

— Entrez !

Lisie s'exécuta et se trouva face à une mamie ratatinée faisant du tricot.

— Mais... Où est Arsène ? Et qui êtes-vous ?

— Et vous ? Qui êtes-vous ?

— Personne, je cherche M. Lafable ! Où est-il ?

Elle avait dû hausser le ton, car grand-mère Nova posa sa chaussette à moitié finie, la mine apeurée.

— Laissez-moi tranquille ! Pourquoi venez-vous m'importuner dans ma chambre ?

Elle agrippa son sac à main posé sur la table de chevet. Comme si Lisie n'avait que ça à faire, de voler le troisième âge !

Elle ressortit de la pièce, pour vérifier le numéro sur la porte. C'était bien la chambre de son ami !

Un sinistre pressentiment la frappa alors. Arsène était-il... mort ?

Les larmes jaillirent de ses yeux, incontrôlables.

Non !

Elle entra de nouveau et vit la vieille dame appuyer sur la sonnette, au-dessus du lit. Anesthésiée par le choc, elle ne fit pas un geste.

L'infirmière qui les rejoignit leur offrit un sourire doux.

— Alors, madame Tartifielle, vous avez déjà de la visite ? Votre petite-fille ?

— Non ! Une voleuse ! Au secours ! Sortez-la d'ici immédiatement ! glapit la vieille bique, lançant son aiguille à tricoter sur Lisie.

Celle-ci l'attrapa au vol ; l'infirmière recula de trois pas.

C'était vrai qu'ainsi elle ressemblait au grand méchant derrière le rideau de douche, dans *Psychose.* Elle déposa doucement les armes, se forçant à adopter un ton calme.

— Où est passé l'occupant de cette chambre ? Est-il... décédé ?

— L'occupante, vous voulez dire ? Elle est devant vos yeux !

Soit cette infirmière était stupide, soit elle-même avait été expédiée dans une autre dimension. Mon Dieu, si c'était cela, on allait finir par la prendre pour une folle et l'interner !

— Je parle de M. Lafable, reprit-elle. Il était encore là il y a deux jours !

La lumière parut enfin se faire dans le cerveau de son interlocutrice.

— Ah ! Arsène !

Ouf ! Elle n'était pas passée dans un univers parallèle.

— Vous êtes ? poursuivit-elle.

— Mlle Para, une de ses employées.

— Oui ! Il est parti hier. Il a signé les papiers de décharge et laissé un mot pour vous, ainsi que pour son fils, à l'accueil. Monique, l'infirmière habituelle, a pris son jour de repos et m'a chargée de vous transmettre le message, si vous passiez.

Lisie poussa un cri de joie. Bon ! Arsène n'était pas six pieds sous terre, mais tranquillement installé chez lui ! Il avait dû lui laisser une invitation pour célébrer cela !

Son soulagement fut de courte durée.

En guise de fête, elle lui dévoilerait la nature véritable de son fils.

Champagne...

Il fallait agir rapidement, avant que le courage ne l'abandonne.

Elle prit le temps de remercier l'infirmière et de tirer la langue à mémé flingueuse, avant de se précipiter à l'accueil.

— Il y a un message pour moi de la part d'un patient qui a quitté vos services : M. Lafable.

La réceptionniste se mouilla le doigt du bout de la langue, tourna une page de *Gala*, finit de parcourir son article, et leva enfin les yeux vers elle.

— Oui ?

Lisie enfouit au plus profond de son esprit les injures qui naissaient sur ses lèvres et réitéra sa demande. La secrétaire ouvrit alors le tiroir de son bureau avec une lenteur exaspérante et en sortit une enveloppe qui dégageait un parfum capiteux.

Arsène tout craché : il n'y avait que lui pour pondre des lettres embaumant l'eau de Cologne à des kilomètres !

— Vous avez une pièce d'identité ?

Quoi ? Un document officiel ?

Pour cela ?

À bout de nerfs, Lisie lui jeta sa carte d'identité à la figure et arracha le précieux message de ses mains.

Ma chère enfant,

Tu as dû être surprise de ne pas me trouver dans ma chambre. Sache que je me porte comme un charme (les effets conjugués de mon traitement et de l'amour) et que nous avons décidé, Yvonne et moi, de partir en voyage immédiatement après ma sortie. Le chirurgien, considérant mon état de santé plus que satisfaisant, a consenti à me libérer. Je me sens comme un bagnard après une peine de dix ans !

La vie n'attend pas. Nous avons... Enfin, Yvonne

(tu sais que je n'y connais rien en technologie moderne) a réservé un vol pour Ibiza sur Blookfight... ou je ne sais quel autre site, et miracle, nous avons trouvé des places pour ce soir ! Nous partons donc pour quinze jours.
Je te fais confiance pour poursuivre tes projets et prendre soin du zoo, mais je ne m'inquiète pas : Théophile ne tarit pas d'éloges à ton sujet et je suis persuadé que vous collaborez dans une ambiance de franche camaraderie.
J'espère que ton air de petit oiseau blessé a disparu : le souvenir de Jo ne doit pas te torturer.
Je t'embrasse, langouste (a)dorée,
À très bientôt,

Arsène.

La lettre était datée de la veille.

Mais qui était donc cette Yvonne de malheur, pour le traîner ainsi sur l'île de la fête, juste après une crise cardiaque ? Son cœur allait-il survivre à la vision de toutes les belles nanas en bikini qui devaient s'y pavaner ?

« Je suis persuadé que vous collaborez dans une ambiance de franche camaraderie... »

L'amour l'avait rendu maboul ou quoi ?

Elle leva les yeux de son courrier et aboya sur la réceptionniste.

— Pourquoi l'avez-vous laissé sortir ? C'est un scandale ! Un homme de cet âge ! Figurez-vous qu'il s'est fait la malle à Ibiza ! Oui ! IBIZA !

La secrétaire haussa les épaules.

— C'est un beau bout de paradis. Si vous avez une réclamation à faire, voyez ça avec son médecin.

— Mais c'est bien ce que je compte faire !

— Vous devrez patienter, alors. Il est au bloc.

— Quand il aura fini, il va m'entendre, croyez-moi !

— Salle d'attente à droite, machine à café à gauche. Bon courage. Il y en a pour quatre heures.

À ces mots, elle referma son *Gala* et dégaina un *Voici*.

Quatre heures ! Autant dire une éternité !

Lisie abandonna l'idée de se défouler sur le pauvre médecin, jaillit hors de l'hôpital et s'assit sur un banc pour réfléchir.

Rien n'était encore perdu.

Elle sortit son portable et composa le numéro d'Arsène. Étant à peine remis d'une crise cardiaque et ayant mis les voiles au bout du monde (ou presque) sans en avertir ses proches de vive voix, il aurait la décence, pour une fois, d'allumer son téléphone !

Répondeur.

Lisie pesta.

Elle essaya une dizaine de fois, sans plus de succès.

La tension dans sa nuque irradiait son dos et l'angoisse tendait ses muscles à l'extrême.

Elle devait le joindre à tout prix !

Elle entra de nouveau dans l'hôpital et aborda cette fois poliment la réceptionniste.

— Excusez-moi pour mon mouvement d'humeur... J'aurais besoin d'un petit service. Pourriez-vous me transmettre le numéro d'Yvonne, l'infirmière de nuit qui s'occupait de M. Lafable ?

— C'est strictement interdit.

— Même avec... ceci ?

Engageante, elle fit glisser un billet de vingt euros sur la table. La secrétaire le repoussa avec un dédain non dissimulé.

— Je ne suis pas à vendre.

— Cinquante euros ?

Elle secoua la tête.

Une coriace en affaires.

Bien...

— Cent ?

— Je ne passerai pas outre le règlement.

Ne comprenait-elle pas que l'honnêteté était un concept totalement surfait, de nos jours ?

Oui.

Bon...

Vaincue, Lisie s'éloigna.

Sur le chemin du retour, son téléphone vibra. Elle s'en empara fébrilement.

C'était un message.

Alors ? Toujours vexée ? Lucas.

Elle fixa l'écran avec stupeur, manquant de percuter un camion de plein fouet, et lança son portable sur le siège passager. Comment avait-il eu son numéro ? Et pourquoi la harcelait-il à ce point ?

Il choisissait son moment, lui !

Des images fugaces émergèrent.

Lucas la prenant dans ses bras, la dominant de toute sa hauteur... Ses fossettes qui se creusaient lorsqu'il riait... Sa barbe naissante, lui donnant cet air négligé si sexy...

Mais aussi Lucas ne l'embrassant pas, lui crachant à la figure qu'il ne l'avait rejointe que pour être quitte, piétinant son amour-propre et ses espoirs.

Malotru !

Elle devait impérativement le rayer de son esprit pour faire le point sur une situation autrement préoccupante : la vente du zoo.

Théophile ferait tout pour convaincre son père ; il considérait d'ailleurs que l'affaire était dans le sac.

Il fallait bien admettre qu'Arsène n'avait pas hésité une seconde à mettre les voiles, sans une pensée pour sa chère réserve.

Et si Yvonne avait pris toute la place dans son cœur ?

S'il ne souhaitait qu'une chose : finir tranquillement ses jours à ses côtés, à ne rien faire ?

Il ne restait plus qu'à engager un tueur à gages pour liquider la fiancée... Arsène oublierait son chagrin en réintégrant la réserve *illico presto*...

Lisie sursauta, horrifiée par ses propres pensées.

Non, la solution, c'était d'empêcher cette vente, par tous les moyens possibles.

Si Théophile n'avait rien à mettre sous la dent de son père, la question ne se poserait plus. Sans acheteurs, Chefaillon oublierait son idée et retournerait bien gentiment à son ancienne petite vie marseillaise.

Alors... action !

Profitant d'un feu rouge, elle envoya un texto à Ludivine :

Passe le message à tout le personnel : rendez-vous à midi dans le Souterrain aux serpents.

La réponse ne se fit pas attendre.

C'est comme si c'était fait.

Lisie ricana. Théophile n'était pas au bout de ses peines.

7. Cookies, réservations et coup de folie

À mi-chemin, Lisie consulta sa montre. Pas question d'arriver au zoo en avance pour se faire attraper par Théophile, qui lui mettrait immanquablement le grappin dessus, lui poserait des tas de questions sur son absence et lui fourguerait dans la minute la charge des retraités !

Elle bifurqua, se gara le long de la rue de l'Aiguillerie et, une fois installée à la terrasse de son Starbucks habituel, commanda un double cappuccino M&M's supplément chantilly, accompagné de deux cookies.

Le sucre aide à canaliser l'énergie et à réduire le stress, songea-t-elle pour étouffer sa culpabilité naissante...

Le mois précédent, sa mère lui avait offert un abonnement à Weight Watchers. Elle avait tenté de suivre le programme, abandonné, s'était remotivée, puis définitivement découragée. Mais depuis, l'infernal décompte des calories s'enclenchait automatiquement dans son esprit, dès qu'elle s'attaquait à un truc trop gras ou trop sucré. Infernal et terriblement oppressant... Sauf qu'aujourd'hui, c'était une journée spéciale.

Alors elle avait le droit.

Après tout, ce n'était pas elle qui était faible : les aliments équilibrés n'avaient qu'à se montrer plus appétissants !

Rayant définitivement de son esprit toute tentative d'autoflagellation, elle croqua son biscuit, sortit son portable et opta pour une partie de *Candy Crush*... qu'elle abandonna vite pour relire le message de Lucas.

Pourquoi revenait-il vers elle ?

N'en avait-il pas terminé, la veille ?

Sa curiosité lui soufflait de lui répondre... Elle non plus n'y était pas allée de main morte, elle l'avait presque insulté... Elle se contint cependant. À quoi s'attendait-elle ? Même ses textos transpiraient la condescendance.

Elle fit défiler les contacts de son répertoire, tenaillée par une brusque envie d'appeler Jo... Si elle lui annonçait qu'elle voulait reprendre la vie avec lui, tout redeviendrait simple.

Elle rentrerait le soir, le trouverait affalé sur le canapé, charentaises aux pieds, se grattant le nez et collant ses loulous sous l'accoudoir, en train de suivre *Questions pour un champion*. Ils dîneraient devant le journal de TF1. Jo aurait toujours cette indécrottable manie de décortiquer son pain avant de le mastiquer trop fort et de mettre une décennie à assaisonner son assiette, mais elle devrait être capable de passer outre. Elle se plongerait ensuite dans un petit Nora, fantasmant à mort, pendant que lui avancerait dans ses dossiers. Enfin, ils se brosseraient sagement les dents pendant trois minutes et feraient l'amour encore plus sagement (pendant à peine plus de trois minutes). Chacun tournerait le dos à l'autre et ils s'endormiraient dans la rassurante sécurité du couple sans passion, mais sans histoire.

Nul doute que les élans passionnés de la veille ne dureraient pas longtemps...

Elle hésita, effleura du doigt la touche d'appel.

Désespérée, vous souhaitez retourner avec votre ex ?

Malheureuse, ne vous précipitez pas !

Voici les trois signes qui doivent vous faire fuir à tire d'ailes :

— Il a une hygiène douteuse (a des gaz et les extériorise sans complexe, une bouche qui ressemble à la caverne d'un grizzli, est obligé de mettre ses baskets odorantes sur le pas de la porte avant d'entrer sous peine de vous asphyxier…)

— Il est volage, cruel, pédant, agressif, rancunier, ou tout cela à la fois. Ou, au contraire, trop gentil, doux, mou, collant, ou tout cela à la fois.

— La vie avec lui ressemble à un bouchon sur l'autoroute un 14 Juillet : prévisible et ennuyeuse.

Non.

Lucas n'aurait pas le pouvoir de la déstabiliser au point de lui faire faire marche arrière : Jo et elle n'avaient aucun avenir.

D'ailleurs, elle n'était pas célibataire mais célibattante !

Elle affronterait les hordes de couples, solitaire et fière, indomptable et farouche, parcourrait la vie la tête haute, inaccessible, papillonnant d'un mâle à un autre...

Ou finirait seule entourée de ses quinze chats.

Elle reposa son téléphone, finit de mâchonner pensivement ses biscuits, puis en commanda une autre fournée.

À midi moins le quart, elle entra le plus tranquillement du monde dans le zoo : Théophile quittait invariablement les lieux à onze heures et demie pour s'octroyer une interminable pause-déjeuner au restaurant du coin. Elle ne risquait donc pas de tomber sur lui.

Elle bondit presque lorsqu'elle sentit une poigne de fer s'abattre sur son épaule et la faire pivoter lentement.

Là, elle se retrouva face à face avec l'ennemi public numéro un.

Ses bajoues frémissaient de rage et ses yeux injectés de sang lançaient des éclairs. Pire que cela, son nez saignait légèrement en dessous du bandage qui s'imbibait peu à peu, de manière répugnante. Il était hideux et semblait hors de lui.

— Mademoiselle... Vous êtes d'une stupidité effarante ! Pensiez-vous que je ne me rendrais pas compte de votre supercherie ? vociféra-t-il.

Pluie de postillons et de pellicules : elle y était décidément abonnée !

Tout cela parce qu'elle s'était absentée ? Betsy l'avait remplacée, il n'y avait pas mort d'homme !

— J'ai réellement de grosses crampes d'estomac, je ne mens pas ! Je suis revenue par conscience professionnelle, mais je souffre le martyre.

Dans un souci d'authenticité, elle se courba légèrement et posa les mains sur son ventre.

— De quoi diable parlez-vous ? Je n'ai que faire de vos soucis de santé ! rétorqua-t-il, en lui collant deux feuilles sous le nez.

Lisie dut loucher pour voir de quoi il s'agissait.

Oh non.

Non.

Non !

Deux copies du fameux mail concernant la vente.

Comment était-ce possible ?

Elle passa en revue sa brève incursion dans le bureau de son patron.

Mais bien sûr !

Elle avait confirmé trois fois l'impression.

Traître d'ordinateur ! Il n'était pas si bête que cela, finalement ; il lui avait obéi au doigt et à l'œil, sortant le message en triple exemplaire. Elle avait récupéré sa feuille et dans l'urgence, effrayée par l'arrivée imminente de Théophile, elle n'avait pas vu que deux autres impressions étaient en attente.

Gros Chef était vraiment menaçant. Le sang commençait à goutter sur ses lèvres abominablement gercées.

Il aurait pu se présenter au casting du *Retour des zombies* : carton plein garanti.

— Sale petite fouineuse ! J'ai trouvé les retraités guidés par Betsy, et j'ai tout de suite compris : vous aviez filé au chevet de mon père pour tout lui dire.

Lisie l'écoutait, pétrifiée, ne sachant que répondre. Théophile s'essuya la bouche d'un geste nerveux et, roulant des yeux fous, continua sa tirade.

— Pas de chance pour vous ! Il avait déjà déguerpi !

Elle ne put réprimer un mouvement de surprise.

— Eh oui ! J'ai moi aussi fait un petit détour par l'hôpital ! J'ai lu la jolie lettre que mon père m'a laissée... Quinze jours à Ibiza ! Pile le temps qu'il me faut pour conclure cette petite vente !

— Arsène n'acceptera jamais ! Croyez bien que je lui dirai tout !

— Parce que vous savez comment le joindre ? Une adresse mail ? Il n'en a pas... Le nom de l'hôtel dans lequel il est descendu, peut-être ? Avez-vous essayé de l'appeler ?

Il ressemblait à un gros matou jouant avec une souris avant de la dévorer.

— Il est sur répondeur, comme d'habitude, mais je suis persuadée qu'il allumera bientôt son téléphone !

Chefaillon partit d'un rire sauvage et sortit de sa poche le portable de son père.

— Vous vous trompez...

Lisie, stupéfaite, esquissa un geste pour s'en emparer, mais Théophile le garda hors de sa portée.

— Comment avez-vous...

— Il m'a laissé ses clés pour que je prenne soin de ses petites plantes. Je suis donc allé faire un tour chez lui, il faut bien soigner son image de fils parfait, et je suis tombé sur son téléphone, oublié... Comme c'est dommage ! Comme vous avez l'air déçue..., conclut-il avec satisfaction.

— Pas le moins du monde ! Nous verrons bien qui sera le plus prompt à prévenir Arsène, lorsqu'il rentrera.

— Nous n'aurons pas à jouer à ce jeu-là, insupportable péronnelle ! Je ne sais pas non plus où séjourne mon père, mais lorsque le processus de vente ira bon train, il me suffira d'appeler Yvonne !

Lisie en hoqueta de surprise.

— Qu'est-ce que vous croyez ? Que je ne suis pas capable de soutirer un numéro à une misérable hôtesse d'accueil ?

La hyène !

Il avait dû offrir à cette sale bêcheuse un pot-de-vin bien plus conséquent que le sien...

« Je ne passerai pas outre le règlement. »

Misérable hypocrite de bas étage !

Lisie fit le compte rapide du montant dont elle disposait pour finir le mois. Elle ne parviendrait jamais à égaler la somme octroyée par Théophile. Il avait donné quoi ? Cinq cents ? Mille euros ?

— Il me suffira d'un simple coup de fil pour convaincre mon père, continua Théofion, victorieux.

— Vous n'y arriverez jamais.

— Bien sûr que si ! Il roucoule à Ibiza. Vous croyez vraiment que le sort de cette pauvre réserve qui ne rapporte presque rien l'intéresse encore ?

— Et vous, qu'est-ce que vous comptez tirer de tout ça ?

— Voyons, vous n'êtes pas naïve à ce point...

— De l'argent ?

— Elle réfléchit vite, la donzelle !

Elle avait donc vu juste. La haine la fit sortir de ses gonds.

— Vous n'êtes qu'un sombre cr...

— Tsss, tsss, tsss, pas de grossièretés ! C'est vilain

dans la bouche d'une jeune femme. Je veux vous avoir à l'œil, ce soir. Je me méfie de vous. Et je vous préviens : aucune tentative stupide pour faire échouer ma visite. C'est bien compris ? Vous nous accompagnerez et vous la bouclerez. Je veux que vous assistiez à mon triomphe.

Un rictus pervers déforma son visage déjà pas glorieux. Il jubilait, prenait son pied, se délectait.

Timbré.

Mais pas très malin...

Lisie s'appliqua à prendre une moue contrariée et acquiesça en silence.

— Je vous laisse, mon déjeuner m'attend. Je prendrais bien un petit chardonnay pour fêter ça, tiens ! conclut Théophile en s'éloignant.

Parfait...

La porte du Souterrain aux serpents était verrouillée. Lorsque Lisie y toqua, Sam-le-fou vint se coller devant la vitre et l'observa.

— Mot de passe ?

Décidément, la paranoïa lui collait toujours à la peau !

Sam était un vieil ami d'Arsène qui veillait depuis des années sur le vivarium. Il y vivait presque, ne quittant que très rarement la compagnie de ses chers serpents. Parfois, il lançait des objets à la face des gens qui osaient troubler son repaire. Dans ses bons jours, il se montrait au contraire intarissable sur son passé : il avait été en prison pendant quinze ans pour de mystérieuses raisons... eu une liaison dangereuse avec Lady Di... travaillé comme espion à la solde du gouvernement... La version changeait chaque fois. En tout cas, une chose était évidente : il faisait fuir les visiteurs comme la peste et tenait Théophile à bonne distance. Curieusement, ce dernier ne s'aventurait jamais sur le territoire de Sam-le-fou et c'était pour cela qu'elle avait choisi ce lieu de rendez-vous. Mais si elle-même ne réussissait pas à entrer, à quoi bon ?

— Je n'ai pas de mot de passe. Ce n'est que moi.

— Je te donne un indice : je mange les hommes.

— Euh...

Connaissant son penchant pour la psychose, Lisie n'hésita pas longtemps.

— Hannibal Lecter.

Une lueur inquiétante fit pétiller les yeux du gardien, qui lui ouvrit avec une courbette théâtrale.

— Entrez, chère madame.

Les autres se trouvaient déjà agglutinés au fond de la salle, pas très à l'aise. Lisie comprit pourquoi lorsqu'elle se rendit compte que ce qu'elle prenait pour une écharpe autour du cou de Sam était en fait un boa constrictor.

Super pour poser l'ambiance.

Un silence tendu se fit lorsqu'elle approcha d'eux.

Elle repéra Ludivine, qui la regardait avec angoisse.

— Que se passe-t-il ? Pourquoi tu nous as réunis ici ? demanda Anthonin, le grand copain des lions et des tigres.

Lisie prit une grande inspiration et observa son auditoire. Oui, tout le monde était là. Romain, le soigneur des singes, Ludivine, bien sûr, Edmond, Arnaud, Phil... Phil et...

Lucas.

Lucas ?

Que diable faisait-il ici ?

Il se tenait en retrait, les bras croisés, lui souriant de toutes ses dents.

À gifler.

— Qu'est-ce que tu fabriques ici ? l'apostropha-t-elle avec hostilité.

Tous se tournèrent vers lui, surpris par le ton qu'elle venait d'employer.

Il leva les mains en signe d'innocence.

— Je suis venu voir Phil ; j'avais besoin de photos supplémentaires et il m'a invité.

— Invité ? Qu'as-tu amené ? Le vin ? La moutarde ? Le saucisson ? Tu as cru qu'on se faisait un petit barbecue entre amis ? Les affaires dont on doit parler sont confidentielles et importantes. Nous avons de gros soucis et...

— Et on aimerait bien savoir de quoi il s'agit ! s'impatienta quelqu'un.

— Avant que je vous dise quoi que ce soit, Lucas doit partir. Il est journaliste et pourrait nous faire du tort.

— Après ma bagarre d'hier soir avec Théophile, tu penses vraiment que j'en sois capable ?

Ludivine les fixait tour à tour, essayant de recoller les morceaux de l'histoire qui lui avaient échappé, mais visiblement, elle peinait : son front se plissait sous l'effort et elle se grattait la tempe avec perplexité.

— Allez, grouille-toi ! s'impatienta Manue, la sublime dresseuse d'otaries. J'ai faim, moi !

Lisie, vaincue, céda. Elle n'aurait qu'à ignorer Lucas. Elle souffla un bon coup et expliqua en détail la situation à ses collègues.

Des grondements et des cris d'indignation fusèrent tout au long de son récit.

À la fin, un brouhaha terrible avait empli la pièce.

— On ne peut pas se laisser faire !

— Quel salaud !

— Moi, si on vend, je pars. Hors de question que je me reconvertisse !

Lisie tenta de les calmer, sans succès : chacun émettait des théories, rabrouait son voisin, tentait de s'imposer.

— Silence ! tonna alors Sam, sa voix rauque couvrant l'assemblée.

Plus personne ne broncha.

Pourquoi contrarier un mec qui se parait d'un monstrueux serpent, comme d'autres se paraient d'un accessoire de mode ?

Lisie le remercia d'un hochement de tête, puis reprit :

— J'ai pensé à quelque chose... Ce soir, lors de la

visite, le zoo sera fermé, mais nous serons encore là. Le but étant de faire échouer cette vente, il serait judicieux de nous montrer sous notre pire profil... ou de nous forger carrément un personnage complètement timbré.

Elle jeta un coup d'œil à Sam, qui embrassait fougueusement la tête de son boa : lui n'aurait pas de mal à se plier à l'exercice !

Mindy, la vénérable dame pipi de l'établissement, sourit rêveusement.

— Non, Mindy, pas de Marilyn ou autre pin-up du genre. Je veux de l'antisexy, du ridicule, de l'effrayant. Nous pourrions y réfléchir ensemble, mais je suis certaine que vous êtes pleins de ressources. Étant donné que les acheteurs sont censés promettre de tous nous garder, je doute qu'ils scellent la vente, s'ils se trouvent face à des psychopathes en puissance. Qu'en pensez-vous ?

Personne ne répondit, mais un applaudissement vint réchauffer cet accueil peu enthousiaste.

Lucas.

De quoi se mêlait-il ? Il n'était même pas employé du zoo !

Les autres échangèrent quelques regards, applaudirent à leur tour, puis se mirent à échanger leurs idées avec vivacité.

Fendant la foule, Lisie passait d'un groupe à l'autre, approuvant, conseillant, félicitant.

Gandalf encourageant ses troupes avant la bataille...

Totalement grisant.

Soudain, elle se trouva nez à nez avec Lucas.

La poisse !

Elle choisit l'attaque. Elle avait l'esprit du grand magicien-guerrier en elle.

— Comment tu as dégoté mon numéro de téléphone ?

— Phil me l'a donné, tout simplement, répondit Lucas en haussant les épaules.

Lisie lança un regard noir au vigile qui leva un pouce encourageant dans sa direction.

Il s'était pris pour le directeur d'une agence matrimoniale. Sauf qu'il avait tout faux.

— Maintenant, dis-moi vraiment ce que tu fiches ici ? insista-t-elle, les poings sur les hanches, dans une attitude de défi.

— Je te l'ai dit ! J'avais des photos à faire et Phil m'a invité à manger. On avait prévu d'aller au pub du coin. Il y a une émission spéciale sur la préparation du match de ce soir. Tu te souviens que j'y vais avec lui ? Mais ta copine nous a passé le message : nous devions impérativement venir ici à midi.

— *Nous* ? Pas toi ! Phil !

— Ce n'est pas important. Est-ce que je peux te parler un instant ?

— Ce n'est pas le moment. J'ai des choses plus urgentes à faire que de causer de la pluie et du beau temps avec un goujat de première.

Tiens, prends-toi ça !

Cette fois, il ne s'en relèverait pas. Elle le clouerait au tapis avec la force de Rocky.

— Cinq minutes ? plaida-t-il, lui désignant la sortie du menton.

— Hors de question.

— Deux ?

Pour se faire encore ridiculiser ? Merci bien. Elle avait donné.

— Toujours hors de question.

Le rembarrer lui faisait un bien fou. Elle avait pour une fois l'impression de dominer la situation. Oui, elle maîtrisait totalement le jeu. Elle l'écrasait de toute sa hauteur. Elle était une montagne et lui, un misérable cloporte !

Il la regarda, et lentement son sourire s'estompa.

— Sûre ?

Elle hésita, mais se reprit. Elle n'allait pas le prendre en pitié parce qu'il avait arrêté de sourire, tout de même !

— Certaine.

— Je suis pourtant venu m'excuser. Pour de vrai, cette fois.

Elle chercha le frémissement sur ses lèvres, la fossette annonçant la moquerie, mais rien ne se produisit.

Pouvait-elle lui faire confiance ?

Non. Il était trop déstabilisant. Trop fantasque.

Hors de question qu'elle se laisse embobiner pour revivre ensuite en pensée les boutades et l'espoir déçu. Elle avait assez d'ennui comme ça.

— C'est trop tard.

Elle se détourna et se fondit sans se retourner dans la masse de ses collègues surexcités.

Une fois la stratégie de contre-attaque mise en place, Lisie rentra chez elle. Chefaillon ne lui avait donné aucune directive pour l'après-midi, elle était libre et elle en profita pour consulter fébrilement sa boîte mail.

Elle avait un message.

De : Association des échanges culturels de Montpellier
À : Lisie Para
Objet : Zoo-cocktail

Madame,

Nous souhaiterions organiser le dixième anniversaire de notre centre au sein de votre merveilleux zoo…

Yes !

Elle leva les poings en l'air, effectua une petite chorégraphie de la joie et se rassit pour poursuivre sa lecture.

… Nous avons été enchantés par votre présentation et l'originalité de votre idée. Aussi, nous voudrions

réserver pour le 9 juillet. Nous attendons confirmation pour entrer plus en détail dans le vif du sujet.
Bien à vous,

Mme Harshiche, directrice du centre.

Classe internationale, roulement de tambours, déroulement du tapis rouge : elle était la meilleure dans son domaine. Le caviar des directrices de communication !

Théophile et son misérable projet de vente ne pouvaient rivaliser avec ça ! Et si la visite s'avérait désastreuse ce soir, la victoire serait certaine...

Elle parcourut de nouveau le message, des étoiles dans les yeux, mais buta sur la date.

Le 9 juillet...

Le 9 juillet ?

Dans trois jours ?

Jamais elle n'aurait le temps de tout préparer ! Théophile ne la laisserait pas faire, quel que soit le déroulement de ses plans ! Et puis, Arsène devait être informé !

Dépitée, elle s'allongea pour trouver une solution, mais ses pensées se dirigèrent, sans qu'elle puisse s'en empêcher, vers Lucas.

Qui était venu s'excuser.

Louche...

Pourquoi un tel revirement ?

Lorsqu'elle s'était détournée de lui, dans le Souterrain aux serpents, elle l'avait vu échanger brièvement quelques mots avec Phil et Sam-le-fou avant de s'éclipser.

Aurait-elle dû lui laisser le temps de s'expliquer ?

Elle n'eut pas le temps d'y réfléchir de manière plus approfondie ; elle sombra dans un sommeil lourd et sans rêves.

À 18 heures précises, elle honorait son rendez-vous avec Théophile. Il était devant l'entrée, accompagné de M. et Mme Gontran. Cette dernière, une grande gigue tirée à quatre épingles dans un tailleur ajusté, opinait à tout ce qu'il lui racontait, tout en remontant sans cesse ses lunettes sur son nez. Son air pincé n'augurait rien de bon. Son mari était son exact opposé : petit, nerveux, bouffi. Il ne cessait de lancer des regards furtifs et apeurés à son épouse, en s'arrachant des poils de barbe.

Lisie fit craquer sa nuque, ses poings, et approcha.

Que la fête commence !

— Ah ! Voilà l'employée de l'année... Je vous présente Mlle Para, notre très fidèle directrice de la communication.

Le ton de Théophile était enjoué, mais Lisie décela la menace dans ses yeux gris acier.

Elle ne se laissa pas impressionner et serra la main des deux visiteurs, tout en se grattant frénétiquement le bras.

Mme Gontran la couva d'un regard curieux et Théophile fronça les sourcils, ce qui la fit redoubler d'efforts. Tout y passa : les mains, les cuisses, le cou. Elle alla même jusqu'à soulever son T-shirt pour se frictionner le nombril.

— Désolée, je suis désolée, souffla-t-elle, la mine contrite.

Gros Chef, flairant un coup bas, poussa les visiteurs en direction de l'Allée des Ailes.

Lisie suivit le mouvement, continuant à se décaper la peau sans faiblir. Elle attaqua les joues, prenant courageusement le risque de ressembler à Heidi dans sa montagne.

Cette grande asperge de Mme Gontran ne cessait de se retourner pour la toiser, n'écoutant que d'une oreille le discours enflammé de son hôte.

Plus elle se concentrait sur Lisie, plus son visage transpirait la désapprobation.

Au bout de cinq minutes, n'y tenant plus, elle s'arrêta et l'apostropha avec un rictus de profond dégoût.

— Qu'avez-vous, à la fin ?

Lisie feignit la honte et se gratta le crâne à s'en décoller les racines.

— La gale et les poux, rétorqua-t-elle avec un soupir sinistre.

Mme Gontran sursauta et recula d'un mètre.

— Oui, poursuivit Lisie, sous l'œil furibond de Théophile. Je ne sais pas comment je les attrape. À croire que je les attire ! Ils me rendent visite très régulièrement. Très, très régulièrement, même. Et ça gratte à un point !

Elle se baissa brusquement pour se racler les orteils avec vigueur.

— Vous ne suivez pas de traitement ?

— Pour tuer ces pauvres créatures sans défense ? Je tiens à garder mon karma intact, madame. Et puis, j'ai des moments de répit : elles me quittent parfois... Mais c'est vrai qu'elles reviennent toujours, malheureusement.

— Elle plaisante, intervint Théophile, tendu à l'extrême, la fusillant du regard.

— Non, monsieur Lafable. Vous ne vous en êtes jamais rendu compte, parce que je camoufle la chose avec beaucoup de fond de teint, mais c'est la stricte vérité. Regardez !

Elle tendit le bras vers ses compagnons qui bondirent en arrière et commença à se gratter la main.

M. Gontran, terrifié, se cachait derrière sa femme qui avait blêmi.

Sourcils froncés, poings serrés, Chefaillon avança alors d'un pas rageur vers elle, puis s'arrêta net : la martyriser sous le nez de potentiels acheteurs n'était peut-être pas très judicieux. Il incita donc le couple à avancer vers le repaire de Ludivine.

Lorsqu'ils entrèrent dans l'Allée des Ailes, Lisie faillit tomber à la renverse.

Lulu l'avait surpassée.

En termes de talent et d'inventivité, elle obtenait mention très bien, sans forcer : elle les rejoignit... entièrement nue.

Elle n'avait jamais été pudique mais là, il fallait bien admettre qu'elle avait mis le paquet !

Mme Gontran faillit s'étouffer, jeta un regard à son époux qui bavait de félicité, et lui administra une tape magistrale sur la tête.

Ludivine se tourna vers Théophile, devenu rouge comme une écrevisse.

— Enfin... Qu'est-ce qui vous prend ? articula-t-il difficilement.

— Bonjour. Je suis désolée, je sais que vous m'aviez demandé de m'habiller, pour une fois... J'ai bien essayé, mais, je n'y arrive pas. Nudiste un jour, nudiste toujours. Les vêtements sont un carcan pour le corps et l'esprit ! Jamais je ne pourrais enfiler ne serait-ce qu'un string ! Je suis vraiment, vraiment désolée, dit-elle, se mordant les lèvres.

Lisie se concentra pour ne pas éclater de rire : la tête de Théophile valait le détour.

Ce dernier ne prit pas la peine de s'attarder, et poussa les Gontran, hébétés, vers la sortie.

— Je suis désolé. Il s'agit d'un piège, ces deux harpies de copines ont...

— Quelles autres petites surprises nous réservez-vous ? demanda fielleusement Mme Gontran. Vous avez stipulé que si nous achetions, il fallait que nous gardions les employés. Croyez-vous vraiment que nous allons pouvoir composer avec une nymphomane naturiste et une pouilleuse contagieuse ?

— Très contagieuse ! renchérit Lisie. En revanche, mon amie n'est pas nymphomane. Elle a certes une sexualité débridée... opérant parfois en public... mais est-ce si grave que ça ? Libération de la femme, n'est-ce pas...

Sur ces belles paroles, elle brandit un poing victorieux et Mme Gontran, excédée, leva les yeux au ciel.

— Croyez-moi, insista Théophile. Il n'y a que ces deux-là dans le coup. Vous n'aurez plus de surprise, je vous le promets. Suivez-moi, je vous en prie. Continuons la visite. Mademoiselle Para, laissez-nous.

Sa voix étranglée par la rage était un baume pour le cœur...

— Non, répliqua la grande gigue d'un ton sec. Elle nous donne des informations très précieuses sur le personnel. Elle reste !

Lisie lui offrit son plus beau sourire et s'approcha du couple pour les serrer dans ses bras.

— Comme c'est gentil de m'accorder votre confiance !

— Gardez vos distances, la pouilleuse ! hurla M. Gontran avec terreur.

Lisie recula respectueusement et suivit le cortège en continuant à se gratter.

Cela devenait douloureux, à force, mais tous les combattants ayant marqué l'Histoire avaient souffert : elle serra donc les dents, tout en se frottant le bras un peu moins fort, observant Gros Chef à la dérobée. Ses pupilles étaient dilatées et une grimace de possédé déformait son visage.

Pas beau à voir !

Leur marche les mena naturellement vers le Souterrain aux serpents. Théophile tenta bien de détourner ses visiteurs et de les conduire à la Plaine africaine, mais Mme Gontran, suspicieuse, ne se laissa pas faire.

— Pourquoi voulez-vous éviter ce coin-là ? Nous visiterons tout, et dans l'ordre, décida-t-elle.

Juste avant que le petit groupe ne pénètre chez Sam-le-fou, Phil s'avança vers eux d'une démarche étrange.

Très Terminator à la recherche de Sarah Connor.

Lorsqu'il serra la main de Mme Gontran, celle-ci étouffa une plainte. Son mari poussa carrément un cri.

Phil serrait les mâchoires à s'en briser les dents et s'était dessiné à l'encre noire quantité de tatouages plus flippants les uns que les autres. Armes, têtes de mort et faces de vampires : il avait rivalisé d'imagination, mais le clou du spectacle résidait dans l'inscription sur son front : *I'm going to kill you.*

— Mais enfin, c'est un coup monté ! cria Théophile, à bout de nerfs. Nous allons reprogrammer un rendez-vous !

— Pour que vous puissiez briefer vos employés et les transformer en travailleurs modèles ? Non, merci. Nous continuons.

La vache !

C'était la Dame de fer, cette Mme Gontran !

Lisie frappa à la porte du Souterrain aux serpents et Sam-le-fou écrasa son nez contre la baie vitrée.

— Mot de passe : Hannibal Lecter, clama Lisie, enthousiaste.

Les Gontran échangèrent un regard craintif et Théophile blêmit.

— Je vous attends dehors.

Sa respiration était saccadée et il recula jusqu'à buter contre le grand pin qui surplombait le paysage.

Tiens, tiens ! Gras-double avait-il la phobie des reptiles ?

Lisie précéda les visiteurs, laissant son patron à l'extérieur.

Sam verrouilla la porte et se planta fièrement devant eux, avec, non pas un, mais deux boas enroulés autour du cou.

M. Gontran s'accrochait à sa femme qui avait perdu de sa superbe : elle ne cessait de fixer nerveusement les deux énormes bêtes, en rongeant ses ongles manucurés.

— Par quelle histoire je commence ? Celle où j'ai gagné Pat aux cartes ?

Sam s'empara de la tête du plus gros de ses amis et l'approcha des visiteurs.

Lisie n'en menait pas large.

Pourvu qu'il n'ait pas projeté de les tuer !

Quoiqu'une telle initiative mettrait définitivement fin à leurs ennuis...

— Ou bien celle retraçant l'attaque de Kim ?

Il offrit une caresse affectueuse à l'autre monstre et souleva son pantalon, exhibant fièrement sa prothèse.

Mme Gontran recula jusqu'à la porte sans le quitter des yeux, et tenta d'actionner la poignée.

Verrouillée.

Son mari la poussa et se mit à taper comme un forcené sur la baie vitrée.

C'est alors que Lisie vit avec stupeur Lucas sortir de l'ombre, armé d'un énorme appareil-photo.

— On prend la pose ? proposa-t-il, enjoué.

Il força les deux visiteurs, rendus muets par la terreur, à rejoindre Sam qui les prit par les épaules dans un geste de franche camaraderie.

Lucas avait l'air complètement à l'aise : il shootait en leur intimant de sourire, de regarder à droite, à gauche. Une prise de profil... une de trois quarts...

M. Gontran pleurait. Sa femme, prise de tics nerveux, ne cessait de cligner des paupières et de se fourrer le doigt dans le nez.

Deux interminables minutes plus tard, Lucas prit la clé des mains de Sam et fit sortir tout le monde. Lorsque Mme Gontran passa devant lui, il la retint.

— Vous avez quelque chose sur l'épaule. Laissez-moi voir. Mygale ?

La grande asperge hurla, gesticula dans tous les sens, et sprinta sur trois mètres, suivie de près par son époux.

— Non, ma douce ! Tu n'as rien ! Je t'assure ! tenta-t-il de la rassurer entre deux sanglots.

Mme Gontran s'écrasa contre le torse de Phil à l'instant même où Dark Vador, le perroquet, relâché par une âme ingénieuse, fondait sur eux en hurlant :

— *Reculez-vous ! La truie est à moi !*

Cette fois, Lisie ne put s'empêcher de glousser.

Théophile, qui avait observé la scène avec stupeur, les rejoignit, suivi par Lucas.

Mme Gontran hurlait à s'en décrocher la mâchoire,

secouée comme un prunier par Phil, qui lui intimait de se calmer.

Dark voletait au-dessus de leurs têtes en s'époumonant.

— *Double cheeseburger périmé... Tronche de vautour... Haleine de cul de vache...*

Tous ses jurons favoris y passaient.

La bonne dame cessa enfin de crier et se tourna vers Théophile, une lueur assassine dans les yeux.

— Jamais nous n'achèterons cet asile de fous ! Ne tentez plus de nous contacter.

Elle ne fouillait plus sa narine droite, son ton était froid mais elle cillait toujours follement.

Garderait-elle des séquelles de cette aventure ?

— Attendez, je vous jure qu'il s'agit d'une mascarade !

Gros Chef n'avait apparemment pas renoncé à les convaincre d'acheter.

— Taisez-vous ! Je ne veux plus jamais entendre le son de votre voix. Jamais, jamais !

Sur ce, elle prit son mari hébété par le cou, et s'éloigna à grands pas rageurs.

8. Sushis, orteils et proposition indécente

Un grand silence suivit le départ des Gontran, soudain brisé par un borborygme étrange.

Le dos de Théophile était secoué de spasmes inquiétants.

Pleurait-il ? S'étouffait-il de rage ?

Un gigantesque éclat de rire fit tressauter ses épaules. Il s'en tapait les côtes et se serait roulé par terre, s'il n'avait trouvé appui sur un jeune olivier au bord du sentier, qui ploya dangereusement sous le poids du pachyderme.

Sa raison semblait l'avoir quitté.

Elle ne tenait déjà qu'à un fil... Il avait le cerveau bien endommagé, à la base. Mais sombrer dans la démence pour une vente ratée ! C'était d'un triste !

Phil et Lucas, stupéfaits, ne pipaient mot, n'esquissant pas le moindre geste pour calmer le pauvre détraqué.

— La réactivité des hommes... Vraiment ! On ne peut compter que sur soi-même, marmonna Lisie, s'emparant de son téléphone.

Au SAMU d'attraper la balle !

Elle composa le 15, mais les convulsions de Chefaillon s'espacèrent, puis cessèrent. Il afficha enfin un semblant de dignité et reprit son sérieux. Lisie suspendit son geste.

Intéressant...

Comptait-il s'excuser de son inadmissible comportement avant de reconnaître publiquement qu'il avait besoin d'un traitement de choc pour devenir un humain lambda, empli d'empathie ?

Il se redressa, en larmes, les cheveux hirsutes.

— Bande de demeurés congénitaux..., commença-t-il, de cette voix mielleuse qui donnait envie de lui coller son bandage dans la bouche pour le faire taire à tout jamais.

Pour un discours de repenti, ça partait mal, mais il allait se rattraper... Les gens pouvaient changer, non ?

— *Bonjour, je m'appelle Théophile Lafable et je suis ex-odieux anonyme.*

— *Bonjour, Théophile !*

— *Si je suis venu à cette réunion aujourd'hui, c'est pour partager mon parcours avec vous. Jadis, j'étais un grand méchant. Un vrai de vrai. J'ai humilié l'employée la plus exceptionnelle de la Terre, Mlle Para. J'ai piétiné son amour-propre, je l'ai harcelée sexuellement, je lui ai mis des bâtons dans les roues avec un acharnement démoniaque : j'étais perdu.*

Et puis, le jour où j'ai touché le fond, j'ai vu de la lumière.

J'ai réagi et, avec son aide, j'ai intégré les ex-odieux anonymes où j'ai trouvé un soutien sans faille. Je porte aujourd'hui ma médaille des un an de gentillesse. Je ne vous cacherai pas que la route est longue et semée d'embûches. Parfois, il m'arrive encore d'avoir des envies irrépressibles : ébouillanter la serveuse du Diloya's avec mon thé lorsqu'elle met des heures à me servir... Hurler aux mamies de faire leurs courses un autre jour que le samedi. C'est vrai, quoi ! Elles disposent de toute la semaine ! Crier à une mère qui s'extasie devant son bébé fripé qu'il est affreux. Franchement, n'avez-vous pas remarqué que la plupart des nourrissons sont laids ?

Mais je sais désormais me contenir. Vous voulez

mon truc ? En cas de coup dur, je pense à Lisie, celle qui m'a sauvé la vie, qui m'a ramené à la raison. Ma marraine. Viens, Lisie !

— *Non, Théophile, non...*

— *Si ! Applaudissez bien fort Lisie Para, une amie en or !*

— *Bravo ! Bravo ! Bravo !*

Clap, clap, clap...

— Pensez-vous vraiment que j'aie tiré ma dernière cartouche ? Que vos singeries pathétiques pourraient me mettre à terre ? Bande de ratés, de minables, de...

Non, les gens ne changent pas : ils restent les mêmes, du début à la fin...

Saligaud !

Le remords ne l'effleurait même pas !

Il repartait au combat !

Mais que pouvait-il faire, maintenant ? Jamais les Gontran ne reviendraient sur leur décision... Il bluffait, sans l'ombre d'un doute ! Toutefois, le cigare qu'il sortit triomphalement de sa poche et dont il tira une bouffée voluptueuse ébranla les certitudes de Lisie.

Il laissa planer le suspense un moment, à la manière d'un vilain maître du thriller, et porta le coup de grâce.

— Si vous aviez eu la jugeote de fouiller de manière plus méticuleuse dans mes mails, mademoiselle, au lieu de vous contenter d'imprimer en trois exemplaires le message qui vous tombait sous les yeux, vous vous seriez rendu compte que j'ai un second acheteur ! Certes, cette personne n'a pas encore visité le zoo, mais je m'assurerai qu'elle le fasse sans qu'il y ait la moindre fausse note. D'ici là, je vais faire de votre vie à tous un enfer !

Phil grogna de colère et fit un pas vers lui, mais Lucas le retint.

Une vague d'amertume submergea Lisie.

Tous ces efforts réduits à néant !

Quel ignoble personnage !

Elle avait envie de lui arracher sa touffe pelliculée, de lui planter son cigare allumé dans les yeux, de... de...

— *Il t'a bien eue, fessiers rembourrés, il t'a bien euuuue !*

Elle fit un doigt d'honneur à Dark qui, hilare, lui frôla l'épaule avant de s'éloigner en ricanant.

Traître !

Ce maudit perroquet n'était-il pas censé fondre sur l'ennemi et lui lacérer le visage de ses griffes, au lieu de célébrer la victoire de ce Rat Puant ?

Il pourrait toujours aller se faire cuire un œuf, la prochaine fois qu'il lui réclamerait des Smarties ou voudrait jouer à Action ou Vérité !

— Bien vu, la perruche ! s'exclama Théophile, qui avait visiblement de grosses difficultés à identifier les volatiles.

Puis il pointa le doigt en direction de Lucas.

— Vous, espèce de buse arriérée, que faites-vous ici ? Vous allez dégager en quatrième vitesse. Vous pensez vraiment que la réserve vous soit encore ouverte, après ce que vous m'avez fait ?

Illustrant son propos, il ôta précautionneusement son bandage et exhiba son nez, qui ressemblait furieusement à un steak saignant.

Jamais plus je ne pourrai déguster une entrecôte, songea Lisie. Ceci dit, Gros Chef n'avait pas tort : Lucas n'avait rien à faire au zoo.

— Effectivement, je ne vous ai pas raté, se moqua ce dernier. Joli groin !

— Phil, Lucas, pourriez-vous me laisser un instant avec M. Lafable ? demanda Lisie. J'ai à lui parler.

La situation était sur le point de dégénérer : les biceps de Phil avaient doublé de volume et l'ironie exaspérante de Lucas enflammait manifestement Gros Chef, qui écrasa violemment son cigare sur le pauvre olivier qui l'avait tout à l'heure soutenu.

Lisie croisa les doigts pour que ses deux compagnons obtempèrent : elle avait une idée et préférait se passer de témoins. Ce qu'elle s'apprêtait à faire n'était pas joli, joli.

Mais tous deux restèrent bien campés sur leurs jambes, décidés à ne pas bouger.

Bon sang ! Ils étaient pires que la gale ! N'allaient-ils pas déguerpir ?

— S'il vous plaît ! C'est important.

Elle dévisagea Lucas avec férocité. Il finit par acquiescer, puis s'éloigna lentement...

Ce jean mettait indéniablement ses fesses en valeur !

Ce qu'il était séduisant tout de même ! Et étonnamment conciliant...

Peut-être que ses excuses étaient sincères et qu'il voulait lui prouver qu'il était capable de lui faciliter les choses ?

Cette réflexion mériterait d'être approfondie, lorsqu'elle aurait mené sa mission à bien...

Phil, lui, résista encore quelques minutes à son regard insistant, puis quitta les lieux à contrecœur.

Dès qu'il fut hors de sa vue, Lisie détacha sa queue-de-cheval pour faire tomber ses boucles en cascade sur ses épaules, bomba la poitrine et se déhancha vers Théophile.

Plus elle approchait, plus son instinct lui hurlait de détaler : il était tellement abject !

Elle n'avait pourtant pas le choix.

Sentant son courage se carapater, elle fit appel à la visualisation.

Visualisation d'un homme sexy...

Une vingtaine de visages défilèrent dans son esprit : Daniel Craig... Ryan Gosling..., puis la toupie de la glamouritude s'arrêta sur... Lucas.

Immédiatement, elle avança vers son chef avec plus d'entrain.

Si elle plissait les yeux avec application, elle pouvait presque imaginer Lucas à sa place...

Elle s'était pourtant fait la promesse d'arrêter de fantasmer sur lui... Ce n'était pas parce qu'il lui avait demandé pardon et avait obéi à une de ses demandes qu'il allait lui passer la bague au doigt et surpasser le commun des mortels !

Elle stoppa net et tenta d'imaginer le visage de Phil, le torse de Phil, les mains de Phil...

Philie-sexy...

Si sexy...

Mais le *I'm going to kill you* tatoué sur son front vint tout gâcher... et Lucas réapparut.

C'était atroce : son image venait toujours se coller dans son cerveau sans qu'elle ne puisse rien y faire !

Théophile, perplexe, observait son petit manège : allez, elle devait se ressaisir ! Elle allait tout faire capoter, sinon ! Elle baissa donc les armes et laissa Lucas devenir son fantasme *number one*.

Vive la visualisation ! Elle put ainsi s'approcher tout près de Théophile, si près qu'elle le touchait presque.

Se tenir à proximité de lui était pire que de squatter un vestiaire de collégiens en pleine croissance : son odeur de transpiration était une offense pour la couche d'ozone.

— Que croyez-vous faire, petite sotte ? lui demanda-t-il avec dédain.

— Nous sommes partis du mauvais pied, vous et moi...

— À qui la faute ? Je vous ai pourtant laissé le choix. Vous auriez pu régner à mes côtés. Il suffisait d'une simple petite soirée... Mais vous avez préféré vous acoquiner avec ce reporter de pacotille, braver mes interdictions, organiser cette ridicule offensive... Vous manquez de discernement, mademoiselle Para. Cruellement.

Lisie inspira et enfonça les poings dans ses poches. Si elle ne parvenait pas à se retenir, elle le tuerait, là, sur place !

— Je sais, admit-elle d'une voix étranglée.

— Tiens, tiens, on a des regrets ? N'est-il pas un peu tard pour ça ?

Elle lui prit le bras. Il ne bougea pas d'un pouce pendant un moment, puis recula soudain avec précipitation.

— Arrière, vous êtes contagieuse, misérable vermine !

La gale et les poux...

Il n'avait pourtant pas eu l'air d'avoir gobé son baratin, tout à l'heure !

Était-il crédule à ce point ?

Avait-elle une tête à respecter son karma et à laisser une armée de parasites lui ronger la peau et le cuir chevelu, à défaut des poignées d'amour ?

— Allons, allons, nous savons bien, vous et moi, que ce n'était qu'une supercherie !

Wouah !

D'où avait-elle sorti cette voix d'actrice de films érotiques et ce rire de gorge sensuel ?

Son infect interlocuteur n'était pourtant pas une source d'inspiration...

Théophile inspecta son crâne, ses bras, ses mains et vint se coller contre elle. Elle réprima à grand-peine un frisson de dégoût : ces longs poils qui jaillissaient de son nez, ce teint rougeaud et mangé de points noirs, ces iris de crocodile...

Il allait lui falloir du courage pour poursuivre...

— Seriez-vous prête à tout mettre en œuvre pour vous faire pardonner ? susurra-t-il, malveillant.

— Oui, monsieur Lafable : j'accepte votre invitation à dîner.

Voilà. C'était dit.

Le visage de Triple Mufle exprima une satisfaction perverse, mais, très vite, il se ressaisit, méfiant.

— Je suppose qu'il y a un marché derrière tout ça...

— Bien sûr : vous faire oublier ce projet de vente.

Une vague nausée la saisit, lorsqu'une lueur d'excitation

brilla dans les yeux de Gros Bufle. Il lui saisit le bras avec brutalité.

— Il va falloir être gentille, alors. Très gentille... si vous voyez ce que je veux dire.

Ce qu'il était naïf ! Comme si elle allait accepter de le laisser poser ses sales pattes sur elle !

Non, non, certainement pas... Mais le séduire et lui faire espérer la possibilité d'une ouverture jusqu'au retour d'Arsène, ça, oui... Elle devrait pour cela la jouer fine et se faire désirer...

Et puis, elle l'achèverait et le mettrait en pièces devant son père !

Mais pour cela, elle avait bien conscience qu'il lui faudrait mouiller le maillot.

Armée de tout son courage, elle avança une main tremblante vers l'horrible moustache de Gros Puant et se mit à l'entortiller tendrement.

— Je peux me montrer conciliante, mais je n'aime pas le faire dans la précipitation.

Théophile comprendrait-il le sous-entendu ?

Elle mourait intérieurement, mais n'en poursuivit pas moins, sans se démonter.

— Alors ?

Un sourire sadique tordit les abominables lèvres déshydratées de Théophile.

— Nous dînons maintenant.

Maintenant ?

Sans préparation mentale ?

Sans entraînement intensif ?

L'affolement la saisit, mais elle se fustigea : elle n'avait pas touché sa moustache pour rien ! Il fallait s'accrocher !

Pas de désertion !

— Bien sûr ! répondit-elle, priant pour que son ton ait exprimé le contraire de ce qu'elle ressentait : un écœurement insupportable.

— Nous nous ferons livrer des sushis dans mon bureau,

décida Théophile, alors qu'ils remontaient côte à côte le chemin menant à l'administration.

Lisie n'eut pas la force de répondre et se contenta d'acquiescer.

— Vous n'avez pas l'air enthousiaste. Allons, déridez-vous... Les femmes austères ne m'excitent pas plus que ça, lui fit-il remarquer, posant la main sur ses reins.

Presque sur ses fesses...

Saucisson pur porc.

Elle faiblit : elle pouvait encore le gifler à toute volée et fuir. Elle n'avait pas à s'infliger cela. Et s'il lui sautait dessus dès qu'ils seraient dans son bureau ? Prendre le risque d'être agressée sexuellement pour un job... C'était de la folie ! Mais l'avenir du zoo reposait sur ses épaules. Elle avait le pouvoir de tout faire basculer. Et il y avait du passage dans l'administration... S'il allait trop loin et qu'elle hurlait, quelqu'un l'entendrait...

— Si, si, c'est seulement l'émotion qui m'étreint, se força-t-elle à répondre, gommant toute trace d'ironie de sa voix.

Ou l'envie de dégobiller rien qu'à l'idée de me retrouver dans une pièce fermée emplie de ton aura fielleuse...

— L'émotion... Vous en êtes sûre ?

Bien sûr que non, sombre abruti !

— Oui. Bon...

Pour gagner un peu de temps, elle s'appuya à la rambarde, feignant une envie irrépressible d'observer le paysage. Spiderfélin, le tigre le plus sauvage de la réserve, était allongé à l'ombre d'un pin et la fixait.

On aurait dit qu'il lui lançait un regard de commisération.

Elle n'était plus du tout Gandalf, mais bien ce pauvre Frodon, filant courageusement au-devant de sa mort.

Enfin, il gagnait, c'était l'essentiel...

— Brave fille ! Je savais bien que votre esprit belliqueux serait maté.

Lisie se redressa et se força à avancer.

— Qui pourrait me résister très longtemps ? conclut Théophile.

Question bêtise crasse, il atteignait des sommets !

Ne comprenait-il pas que jamais elle ne se soumettrait ?

Ils atteignirent le bureau sans croiser personne : heureusement. Ludivine en aurait fait une syncope, si elle avait découvert le pot aux roses.

Théophile la fit entrer dans son antre et referma la porte derrière eux.

— Asseyez-vous... Je vais appeler Sushi Express. Ils sont juste en face, ce sera rapide. Que voulez-vous ?

Ta mort, sombre abruti !

— Deux makis et un Coca, s'il vous plaît.

Elle avait prononcé cela d'une petite voix mal assurée et ne se sentait plus aussi conquérante que lorsqu'elle était dehors, à l'air libre. Était-elle en train de faire une bêtise monumentale ?

— Efforcez-vous de prendre un air un peu moins pincé. Je veux une véritable petite soirée romantique. Et nous boirons du vin.

— Si vous voulez...

Si elle se débrouillait bien, elle pourrait lui faire ingurgiter la bouteille et il s'endormirait...

Ou redoublerait d'ardeur.

C'était quitte ou double.

Lorsqu'il eut passé commande, il s'assit face à elle, la contempla pendant dix bonnes minutes, puis avança son fauteuil jusqu'à ce que leurs genoux se touchent.

— À nous deux, maintenant.

Lisie réprima un glapissement de terreur.

Se calmer.

Tenir une conversation badine pour lui changer les idées...

— Alors, monsieur Lafable ? Ce mystérieux acheteur ?

... Ou entrer directement et sans finesse dans le vif du sujet.

— Un riche industriel qui veut implanter un immense centre commercial. Mais comme vous l'avez suggéré... vous seule êtes capable d'empêcher ça...

— Moi ?

— Vous. Vous allez m'accorder une faveur et une fois que ce sera fait, je compte sur vous pour fermer votre charmante bouche. Si quelqu'un apprend ce qui va se passer ici, je vous préviens que les conséquences seront funestes. Vous ne m'échapperez pas. Alors, parlons de cette faveur...

Quelle horreur ! À coup sûr, il allait lui proposer de se mettre toute nue et lui faire sauvagement l'amour sous les drapeaux de l'OM !

— Ne pourrions-nous pas manger avant ? J'ai une faim de loup !

Ce n'était pas censé se dérouler ainsi ! Elle devait le séduire juste un peu. Il devait tomber progressivement sous le charme, voire s'amouracher d'elle et non lui proposer de but en blanc une infecte partie de jambes en l'air !

— Non. Ça me mettra en appétit, répondit Théophile, obstiné. Et qui décide ici ? Vous ou moi ?

Lisie se mit à trembler de tous ses membres. Elle avait été stupide de le suivre dans cette pièce.

Il s'approcha, un peu plus près, encore plus près...

— Je vais vous souffler à l'oreille mon désir le plus profond...

Oh non.

Hors de question !

Il lui crèverait le tympan de ses postillons !

La sonnette du bâtiment retentit, salvatrice, et Lisie essuya une goutte de sueur sur son front.

— Décidément ! Ils sont vraiment express, chez Sushi Express, commenta-t-elle avec un rire forcé.

— Entrez ! C'est ouvert, hurla son infâme compagnon

en se rejetant en arrière, visiblement contrarié d'être interrompu.

Des pas résonnèrent dans le couloir et un livreur en costume-cravate montra le bout de son nez. Il était d'une élégance folle et les salua avec une gracieuse petite courbette.

— Monsieur dame, votre repas ! Chez Sushi, nous le faisons vite et nous le faisons bien !

Il tendit un sachet à Théophile qui s'en empara lestement, sans même le remercier.

Gentleman jusqu'au bout des ongles...

Le livreur se mit à fouiller dans son sac et se décomposa.

— Quelle... quelle horreur ! J'ai oublié les sauces soja !

À force de détermination, il réussit à extraire de sa besace deux petites fioles.

— Il y a toujours du ponzu... Je suis tellement confus. Je ne suis pas à la hauteur de ma réputation.

Il avait l'air vraiment désespéré : il était blême et ses lèvres tremblaient. Ce pauvre garçon prenait son travail bien trop à cœur !

Lisie se leva, sortant de sa poche un pourboire, mais quand elle le lui tendit, il recula vivement.

— Non, non, je ne le mérite pas !

Dingue ! Allait-il se mettre à pleurer ?

— Je vais vous rapporter ces sauces, je vous en fais la promesse et...

— Pas besoin, le coupa Théophile. Déguerpissez !

Le livreur salua gravement et disparut dans la seconde.

Satisfait, Chefaillon déposa la boîte sur la table et tira d'un coup sec les stores de son bureau.

— Tête-à-tête, annonça-t-il avec un rire gras.

Le grand jeu, alors ?

Lumière tamisée et compagnie ?

À moins qu'il ne veuille l'agresser à l'abri des regards ? Peut-être qu'il l'avait traînée ici pour mettre fin à sa misérable petite existence après avoir profité de son corps...

— On commence ? proposa-t-elle, n'en menant pas large.

— Attendez !

Il ouvrit l'un des tiroirs de son bureau pour en sortir un énorme canif.

Option B : il voulait la saigner à blanc en toute discrétion.

Elle se leva avec précipitation, renversant au passage la boîte de sushis, dont le contenu se répandit sur le sol. Elle ne se laisserait pas zigouiller sans se défendre !

— Imbécile ! Faites attention ! tonna Gros Chef, qui ramassa tout ce qui était tombé sur la moquette.

Il tritura ensuite son couteau : un tire-bouchon en jaillit.

Soulagée, Lisie se rassit. Il fallait impérativement qu'elle se calme. Non, son infâme patron n'était pas un tueur en série.

— Voilà ! clama ce dernier en ouvrant la bouteille de rosé.

Il leur en servit un verre, puis s'empara d'un énorme sashimi sur lequel de la poussière s'était collée, le trempa copieusement dans la sauce ponzu et l'engloutit.

— Servez-vous ! l'invita-t-il, la bouche pleine et la barbe maculée de crème. Il vous faudra des forces.

Lisie déclina l'offre : ses makis n'étaient pas beaux à voir et elle était certaine que si elle avalait quelque chose, elle le vomirait dans la seconde.

Théophile haussa les épaules et continua à se goinfrer.

— Bon... Revenons à nos moutons. J'allais vous confier mon petit secret. Approchez maintenant !

Lisie se pencha légèrement.

— Plus près, insista-t-il, lui prenant le menton de ses doigts graisseux.

Oh non...

Tétanisée, elle se laissa faire.

Il chuchota alors à son oreille, projetant des débris de nourriture sur sa chevelure.

Quoi ?

Quoi ? ? ?

Le gros dégoûtant !

La hyène lubrique !

— Vous êtes sérieux, monsieur Lafable ?

— Tout à fait. J'aime les pieds. Je les vénère. Ils m'emplissent d'extase. Je vais lécher les vôtres intégralement et les photographier, afin qu'ils prennent place dans ma collection.

L'ignoble fétichiste !

Il devait avoir une chambre secrète, avec des centaines de petons affichés sur les murs... C'était d'un glauque !

Elle hésita. Après tout, il ne lui demandait pas de se déshabiller... Juste d'ôter ses tongs.

— Et rappelez-vous, ajouta-t-il. Vous soufflez un mot à propos de tout ça et...

Il mima le geste de la décapitation.

Elle saisit sa chance.

— Si j'accède à votre demande, il va falloir me promettre solennellement de ne plus tenter de vendre le zoo.

— Je suis prêt à vous signer un papier.

Sa moustache frémissait et il se passait nerveusement le pouce sur les lèvres.

Berk, berk, berk...

Mais elle pouvait sauver le zoo, retrouver sa petite vie tranquille, faire en sorte que ses collègues conservent leur job et que les animaux demeurent dans un environnement familier. Il ne fallait pas hésiter.

Elle se leva, prit une feuille et un stylo sur le bureau et les lui tendit.

— Notez. *Je soussigné, Théophile Lafable, m'engage à ne plus tenter de vendre le zoo et à laisser Mlle Para reprendre son poste de directrice de la communication. Le 7 juillet 2014, à Montpellier.* Et vous signez.

Il écrivit sans broncher, tirant la langue de concentration.

Après tout, elle n'aurait qu'à fermer bien fort les yeux et imaginer des vagues au lieu de son abominable salive.

Visualisation.

— Voilà, dit Théophile en pliant soigneusement le papier qu'il lui tendit ensuite. Et rangez-moi ça : c'est d'un vulgaire !

C'était l'hôpital qui se foutait de la charité...

Il se leva.

— Attendez-moi ici sagement. Je reviens tout de suite : un petit brossage de dents s'impose avant de fouler le sanctuaire de ces délicieux orteils.

Lorsqu'il quitta les lieux, Lisie se força à respirer profondément.

C'était cauchemardesque, mais il fallait voir le bon côté des choses. Elle pourrait tout à fait accepter la première réservation pour le Zoo-cocktail. Certes, les délais seraient difficiles à tenir, mais elle avait déjà travaillé dans l'urgence. Elle alluma son téléphone et se connecta à sa boîte mail.

De : Lisie Para
À : Mme Harshiche
Objet : Confirmation de réservation

Je vous confirme avec plaisir que nous nous tenons à votre disposition pour organiser votre cocktail et que nous réservons donc la date du 9 juillet. Veuillez prendre contact avec moi par mail ou par téléphone au 06 35 46 22 11 pour me transmettre vos souhaits et éventuelles idées.
Bien cordialement,

Lisie Para, directrice de la communication

Théophile revint au moment où elle rangeait son portable.

— En place !

Il s'approcha, la fixant d'un regard malsain.

Lisie frémit et sentit ses cheveux se dresser sur son crâne.

Il s'agenouilla devant elle.

Argh...

Lui enleva précautionneusement ses tongs.

Re-argh...

Se baissa...

Et osa un bout de langue sur son petit orteil, en gémissant d'extase.

Nom de Dieu ! Elle était râpeuse et la chatouillait de façon atroce !

Elle retira brusquement son pied, arrachant à Théophile un soupir excédé.

— Pardon, pardon. Il faut que je me concentre, s'excusa-t-elle.

Il y eut un bruit de porte. Le livreur revenu pour leur donner une dose de sauce soja ? Cher homme ! Pile au bon moment !

Théophile ne sembla pas s'en rendre compte et saisit fermement son mollet droit.

Ce contact la fit frémir. Elle attendit fébrilement que le livreur interrompe la séance.

Rien ne se produisit.

Elle serra les dents... Il fallait être brave. L'avenir du zoo reposait sur ses épaules.

Mais au moment où Théophile tira la langue, elle recula.

Non.

Décidément, ce n'était pas possible.

Tant pis pour les animaux, les collègues, elle-même... C'était au-dessus de ses forces.

— Arrêtez ! cria-t-elle.

À ce moment-là, des pas précipités se firent nettement entendre, la porte s'ouvrit à la volée, et une silhouette se dessina dans l'embrasure de la porte.

— Qu'est-ce que tu essaies de faire, espèce de connard répugnant ?

Lucas !

Il attrapa Gras-double par le col, l'envoya valser à l'autre bout de la pièce et fondit sur lui pour lui assener un violent coup de poing.

Le deuxième en deux jours !

Théophile s'effondra en grognant.

— Mademoiselle Para, virez-moi cet imbécile et vite !

— Je...

Lucas la regarda d'un œil noir, la saisit violemment par le bras et la traîna vers la sortie.

Elle tenta de se dégager.

Qui était le pire ? Ce gros pervers de Théophile ou Lucas, avec sa poigne de fer ? Elle n'était pas un objet qu'on trimbale à droite et à gauche sans lui demander son avis !

Elle devait toutefois l'avouer : si elle était folle de rage de se faire remorquer ainsi, elle en ressentait aussi un soulagement intense : le supplice était trop dur à endurer... Se faire lécher les pieds par Théophile... Brrr. Un frisson de dégoût la traversa.

Elle aurait tout de même fait en sorte de se faire désirer par ce dégoûtant, afin qu'il oublie ses projets de vente !

Alors qu'ils traversaient le couloir à toute vitesse, elle l'entendit vociférer :

— Vous êtes finie, sale petite perruche ! Finie ! Je vais vous pourrir la vie !

Lucas avait gâché toutes ses chances.

Elle tenta bien de faire demi-tour, mais Lucas ne la lâcha pas jusqu'à ce qu'ils soient hors du zoo, devant sa moto. La prenait-il pour une gamine qu'on tient par la main pour lui éviter de faire des bêtises ?

Elle se frotta douloureusement le bras et la colère la submergea.

— Tu m'as fait mal ! De quoi est-ce que tu te mêles, à la fin ? Tu m'as suivie ?

— Certainement pas ! rétorqua-t-il, furieux.

C'était la première fois qu'elle le voyait dans cet état. *Le grand Lucas perd donc son calme de temps à autre*, nota-t-elle avec une pointe de satisfaction.

— Tout à l'heure, reprit-il, Phil a fait mine de partir, mais il s'est caché, a écouté votre conversation et m'a rejoint au pub : c'est lui qui m'a prévenu. Je n'allais tout de même pas te laisser coucher avec ce porc !

— Coucher avec lui ? Tu es malade ! Juste me laisser lécher les orteils pour qu'il ne vende pas le zoo ! Qu'est-ce qu'un petit coup de langue, comparé à la perte de dizaines d'emplois, à l'expulsion de tous les animaux, au fait que je fasse une croix sur ce qui compte le plus pour moi ?

Lucas leva les yeux au ciel.

— Et ton amour-propre, dans tout ça ?

— Si tu me fais une leçon de morale, je vais te...

Elle le poussa avec hargne.

C'est à ce moment-là que sa vie se Nora-Robertisa.

Après tant d'années !

Lucas la retint par le bras, comme dans *La Promesse du grand amour*, et écrasa ses lèvres sur les siennes.

Elle tenta de se dégager mais, très vite, ne le fit que pour la forme.

Il embrassait divinement bien ! Sa langue effaçait sa rancœur, sa hargne, ses contrariétés, et son étreinte possessive, presque brutale, la soulevait. Il mordilla ses lèvres, faisant naître en elle un torrent de plaisir qui la laissa pantoise. Elle se lova contre lui, vaincue par le désir.

— Emmène-moi.

Il s'écarta légèrement d'elle, lui jetant un regard taquin.

— Étonnant... Tu ne veux plus me frapper ?

Elle fronça les sourcils, mais il ne lui laissa pas le temps de se fâcher : son sourire moqueur s'évanouit.

— Compte sur moi, dit-il d'une voix rauque.

9. Caresses, téléphone et solution tombée du ciel

Le paysage défilait à toute allure. Lisie se serrait contre Lucas, les sens et l'esprit chamboulés. Il l'avait embrassée.

Embrassée !

Cela n'avait rien à voir avec les rares baisers de Jo, dont la petite langue toute dure tournait dans le sens des aiguilles d'une montre avec une application enfantine...

Non...

C'était... waouh...

Et les effets de cette étreinte plus que torride étaient renversants : elle était passée de la fureur à l'extase la plus complète. Un sourire niais refusait obstinément de quitter ses lèvres alors qu'elle se pelotonnait contre celui que, quelques minutes auparavant, elle avait envie de gifler à toute volée.

Certes, elle avait toujours fantasmé à mort sur lui, même quand il s'était élevé au rang de goujat du siècle : ce qui avait probablement aidé...

Impossible de résister à cette peau dorée, cette bouche charnue, ce corps de dieu grec...

C'était physique.

Comment nommaient-ils cela, dans le *Cosmopolitain* du mois dernier ? Une *sex story* ? Une espèce d'alchimie sexuelle dépassant la mésentente intellectuelle, qui fait que deux personnes n'ayant aucun atome crochu se sautent dessus en moins de deux.

Elle soupira. Si ce n'était que cela, pourquoi son cœur battait-il la chamade ?

Et Lucas ?

Était-il possible qu'il ressente l'ombre d'un petit brin de quelque chose pour elle ?

Il l'avait complimentée sur sa robe trop petite.

Bon.

Il l'avait sauvée à deux reprises, avait participé à l'offensive anti-Gros Chef...

C'était bien le signe de quelque chose, non ?

Mais son détachement et cette supériorité dont il faisait souvent preuve ne le classaient certainement pas dans la catégorie des amoureux transis.

Et les filles en *a*...

Ne pas oublier les filles en *a* !

L'avait-il séduite pour apporter un peu de diversité à sa liste ?

Pour une obscure autre raison ?

Ses pensées galopaient, incontrôlables, et elle en était arrivée à la conclusion qu'il l'avait embrassée parce qu'il préparait un reportage sur les hommes préférant les rondes, quand il posa brièvement sa main sur son bras.

Ses angoisses furent balayées en un instant.

Après tout, elle était jeune et ne disait-on pas qu'il fallait cueillir les roses de la vie et tout le tremblement ?

Si elle était un sujet de recherche ou une énième victime des charmes de Lucas, tant pis ! Au moins, elle aurait vécu l'affaire jusqu'au bout. Elle verrait bien où tout cela les mènerait !

Elle se blottit plus étroitement contre lui, s'enivrant de son odeur.

Même les menaces de Théophile ne lui faisaient ni chaud ni froid. Elle avait un papier signé de sa main l'engageant à ne plus tenter de vendre le zoo et à la laisser reprendre son poste. C'était un contrat et s'il rechignait à s'y soumettre, ce dont elle ne doutait pas, elle filerait au poste de police le dénoncer. Même si elle ne connaissait pas de commissaire Marco, quelqu'un voudrait bien l'écouter, non ?

Sûr et certain.

Tout ce qu'elle avait à faire, là, maintenant, c'était de profiter de sa soirée.

D'ailleurs... ses jambes étaient-elles nettes ? Elle lâcha prudemment Lucas d'une main, prenant le risque de finir projetée sur le bas-côté, pour vérifier l'état de sa pilosité. Impeccable. Plus lisse qu'une fesse de bébé.

Elle se sentait prête.

Lucas se gara devant un petit bâtiment du centre-ville et l'aida à descendre.

Sans un mot, il l'entraîna vivement vers l'entrée et la précéda à l'intérieur, lui faisant monter les marches de l'escalier quatre à quatre.

Ils pénétrèrent dans un loft à la décoration épurée — murs blancs, meubles design — qui débouchait sur une grande terrasse. Et il y avait un jacuzzi !

Très Dallas saupoudré d'un soupçon d'Upper East Side...

Cet homme avait du goût !

— Non mais j'hallucine ! C'est troooop beau !

Elle rougit, se rendant compte que son ton avait l'empreinte de la pauvre fille matérialiste. Et cette manière débile de s'extasier...

Il ne manquait plus qu'elle sautille sur place et elle aurait tout d'une candidate de *Secret Story*.

Ne pouvait-elle pas de temps en temps se montrer distinguée ?

— Enfin, je voulais dire que j'apprécie ton intérieur : cette mouvance contemporaine, cette épuration des lignes... Magistral !

Voilà.

Joli rattrapage.

Lucas la regarda sans un mot.

OK, OK... le style raffiné sonnait complètement faux dans sa bouche, mais de là à le laisser pantois... Il ne fallait pas exagérer non plus !

Alors qu'elle restait plantée sans savoir que faire, il s'approcha et l'embrassa avec fougue, avant de faire courir ses doigts sur sa nuque, son dos, ses fesses.

C'était un rapide, lui !

Même pas un petit « Je t'offre un verre, admirons le paysage, causons de tout et de rien avant de passer à l'acte, histoire de respecter les conventions » ?

Elle étouffa un gémissement de plaisir lorsqu'il posa les mains sur ses seins.

Il allait la prendre pour une fille facile...

Elle tenta de se dérober, mais ce fut si mou que Lucas ne s'en rendit même pas compte : il la fit basculer sur le large canapé et poursuivit ses caresses. Le souffle court, elle se tordait de plaisir, agrippant à pleines mains ses bras, ses épaules, ses cheveux, pressant fiévreusement son corps contre le sien. Après tout, ils n'avaient plus dix-huit ans : les adultes, les vrais, couchaient dès le premier soir. Oui, même certaines héroïnes de Nora... Et puis, techniquement, ce n'était pas *vraiment* le premier soir.

Il lui ôta chaussures et jean d'une main de maître.

Rodé...

Avait-il déshabillé les nanas en *a* avec autant de brio ?

Arrête de penser, s'ordonna-t-elle, tout en faisant glisser le T-shirt de Lucas au-dessus de sa tête, le couvrant de baisers effrénés.

Ce torse...

Il s'agenouilla devant elle et ses lèvres explorèrent l'intérieur de ses cuisses en une torture délicieuse. Ses mains un peu rêches et sa barbe de trois jours faisaient naître en elle des ondes de plaisir qui la parcouraient inlassablement.

Il s'arrêta soudain, riant doucement.

Non !

Il n'allait pas recommencer !

Pas maintenant !

Elle s'appuya sur les coudes et le regarda avec férocité, prête à le menacer si nécessaire : il continuerait ce qu'il était en train de faire, coûte que coûte. C'était tellement grisant !

— Une deuxième culotte à slogan ? murmura-t-il, goguenard, en faisant claquer l'élastique de sa lingerie.

Lisie vérifia.

Oh non...

Glamour et élégance... C'était bien cela, l'image qu'elle souhaitait donner, à l'origine ?

— Laisse-moi voir le message d'aujourd'hui, exigea-t-il, la faisant pivoter avec une facilité déconcertante.

Elle ne put faire un geste pour l'en empêcher.

Pourvu que ce ne soit pas *Bombe sexuelle : méfiez-vous !*

Ce serait un tantinet prétentieux...

— *Arrachage de culotte et fessée exigés* ! lut-il avec attention. Eh bien ! Le message est clair !

— Euh... C'est de l'humour...

Précisons la chose, qu'il n'aille pas se transformer en Christian Grey, merci bien !

Le cocktail sous-vêtements lacérés, fouets et menottes, c'était excitant dans les clips de Rihanna mais, en pratique, cela devait faire affreusement mal.

— J'entends bien.

Il acheva de se déshabiller, la débarrassa de ses sous-vêtements et parcourut de sa langue l'intégralité de son corps avant de lui faire l'amour avec passion. Elle se donna à lui sans retenue, frissonnante, implorante, complètement submergée.

C'est donc cela, l'orgasme, le vrai, songea-t-elle, en aspirant de grandes goulées d'air.

Lucas s'était effondré à côté d'elle et faisait courir un doigt sur ses hanches.

Mieux qu'un éclair au chocolat, qu'une glace italienne, qu'un rocher praliné ou que les trois réunis, surmontés d'une montagne de chantilly non allégée !

Plus puissant qu'un Mont d'Or au vin blanc ou que des frites arrosées de maroilles.

Cet homme était extraordinaire : un virtuose des corps, un génie du sexe !

Il méritait qu'on élève une statue à son nom.

Il se redressa après avoir déposé un léger baiser sur son front.

— Tu veux manger quelque chose ?

Elle mourait de faim.

— Non, merci, je...

Elle aurait donné son âme pour un morceau de viande et des frites, ou tout autre plat bien gras, mais était-ce raisonnable ? Quelle femme digne de ce nom se tapait une entrecôte après l'amour ?

— J'ai des macarons et de la glace à la pistache, insista-t-il, tentateur.

On était loin du cassoulet, mais ce serait un bon pis-aller.

Lisie hésita et, prenant soudain conscience qu'il avait une vue directe sur la cellulite qui squattait ses cuisses, s'enfouit entre les draps.

— Ne me dis pas que tu fais partie de ces nanas qui ne se nourrissent pas ? Je sais que tu vaux mieux que ça ! reprit-il en la découvrant. Et au passage, tu as des jambes superbes.

Oui. Un dieu.

Ce mâle était un dieu.

— Je grignoterais bien quelque chose alors, reprit-elle

avec enthousiasme, s'efforçant tout de même de dominer l'exaltation qui transparaissait dans sa voix.

— Je préfère ça !

— Euh, excuse-moi, mais où sont les toilettes ?

Avait-elle vraiment dit cela ?

Il lui causait mets délicats et elle lui balançait à la figure son envie de faire pipi ?

Bravo la distinction...

— Par là, répondit-il en désignant le couloir. Première à droite.

Au lieu de se lever et d'aller leur préparer leur en-cas postcoïtal, il la contempla.

Oh non...

Elle n'allait pas se balader toute nue devant lui : trop gênant... Il ne manquerait pas de noter sa culotte de cheval puissance quatre et les vergetures qui zébraient ses hanches comme une carte routière... Ni se rhabiller : trop coincée, trop bizarre, trop...

Comment les femmes se débrouillaient-elles, dans les films, pour transformer le linge de lit en une toge romaine ultra-sexy ? Ça ne devait pas être bien compliqué...

Elle s'empara du drap. Il était malheureusement bien bordé au pied du lit. Elle tira, tira, tira et finit par le décoincer d'un coup sec. Le mouvement la fit basculer en arrière, les quatre fers en l'air : ça frisait le ridicule, mais le plus dur était fait.

Elle se leva le plus dignement possible et se concentra pour l'enrouler avec sensualité autour de sa poitrine... Sauf qu'il était immense et qu'elle se vit contrainte de faire au moins six tours. Au final, elle ressemblait à un rouleau de printemps et, lorsqu'elle se dirigea vers le couloir, elle eut un mal fou à aligner deux pas : une espèce de traîne stupide pendouillait et la faisait trébucher, tandis que le reste du drap lui saucissonnait atrocement les cuisses.

Lucas gloussa, mais elle ne se retourna pas pour le

prier de la boucler, trop focalisée sur son avancée, millimètre après millimètre.

Pour une fois, elle ne l'avait pas volé !

Lorsqu'elle regagna le lit, Lucas s'activait encore dans la cuisine. Elle se lova contre un gros coussin, sereine et détendue.

Peu à peu, elle se sentit glisser dans un sommeil paisible, qu'elle accueillit, un vague sourire aux lèvres.

Quelle horreur !

Théophile s'était transformé en sanglier aux yeux rouges et la poursuivait avec acharnement jusqu'à l'acculer contre un arbre en grognant : « Tes pieds ! Tes pieds ! » Elle hurla au moment où elle vit un collier d'orteils autour de son cou.

... Et se réveilla en sursaut, tremblante et moite.

Affreux cauchemar.

Une main tiède se posa sur ses reins et elle se retourna.

Lucas, parfaitement éveillé, la fixait avec étonnement.

— Tu vas bien ? Tu gémissais dans ton sommeil...

Lisie pria pour que son mascara ait tenu, que son teint ne soit pas trop brouillé et que son haleine n'ait pas le pouvoir de réveiller les morts.

— J'ai rêvé de Théophile..., répondit-elle en réprimant un frisson. Je me suis endormie, hier, désolée.

— Pas grave, dit Lucas, en l'attirant contre lui. On va se rattraper. Je te propose une tonne de croissants et une grosse session de jacuzzi, mais avant ça...

Il fit courir ses lèvres sur ses épaules, son ventre...

Lisie jeta un coup d'œil au réveil.

7 heures.

Il était encore tôt.

Elle se laissait faire avec un plaisir grandissant, quand le téléphone de Lucas sonna.

Agacé, il s'interrompit et attrapa son portable. Il observa l'écran, hésita, puis décrocha.

— Allô ? Oui, Sabrina. Qu'est-ce qui se passe ? Oui ? Non, tu ne me déranges pas, je t'écoute.

Il se leva en jetant un regard d'excuse à Lisie, articula silencieusement « Je t'expliquerai » et gagna la terrasse, dont il referma précautionneusement la baie vitrée derrière lui.

Je t'expliquerai ?

Je t'expliquerai !

Elle eut l'impression qu'on lui avait jeté un verre d'eau glacée au visage.

Ils avaient passé la nuit ensemble, il lui avait sorti le grand jeu et voilà que dès l'aube, il bavassait avec l'une de ses conquêtes ?

Elle aurait dû s'en douter.

Elle savait, au fond d'elle, que cela se terminerait ainsi.

Elle n'avait été qu'une distraction, la partenaire occasionnelle d'une partie de jambes en l'air, rien de plus.

C'était pourtant évident : ils avaient à peine échangé un mot !

Normalement, avant de coucher ensemble, les gens amoureux boivent un verre, discutent, se confient, racontent un ou deux moments phare de leurs vies ou prennent conscience qu'ils ont un milliard de trucs en commun : l'amour des bonsaïs, la fabrication de cosmétiques maison, le bio, la tyrolienne…

Elle n'avait eu droit à rien de tout cela.

Que comptait-il faire d'elle ? Une de ses prétendantes enamourées ?

Hors de question !

Elle le fixa avec rage.

— Vas-y, prends ton temps, c'est vrai qu'on ne s'apprêtait pas du tout à faire l'amour ! maugréa-t-elle.

Tout de même, s'il avait eu un peu de respect pour elle, il n'aurait pas décroché ou aurait mis fin à la conversation rapidement mais non… il prenait son temps !

En tout cas, il ne rompait pas, c'était certain, vu les grands gestes qui l'animaient, lorsqu'il prenait la parole.

Planifiait-il son prochain rendez-vous ?

Dans ce cas, aurait-il au moins la décence de changer les draps ?

Si seulement elle avait pu l'entendre !

Foutu inventeur du double vitrage.

Aiguillonnée par la colère, elle repoussa brusquement le drap et se démena pour trouver ses vêtements qu'elle enfila à la hâte. Puis elle se coula discrètement vers la porte d'entrée. Autant éviter la confrontation ; les discours sur la liberté dans le couple, très peu pour elle...

— *Pardon, mais je pensais que tu m'avais cerné. Et puis, tu sais, l'humain est un animal : il n'est pas génétiquement programmé pour la fidélité.*

— *Et les dauphins ? Et les tigres de l'amour ? Hein ? Qu'est-ce que tu en fais des dauphins et des tigres de l'amour ?*

— *Mais qui les observe vingt-quatre heures sur vingt-quatre, toute leur vie, pour affirmer qu'ils ne trompent pas leur partenaire ?*

— *Les scientifiques !*

— *Tu parles ! Ils les filment pendant deux ans, grand maximum. Je suis certain que dès que tes tigres ou tes dauphins ne sont plus sous l'objectif, ils s'en donnent à cœur joie...*

... ou pire, une excuse totalement foireuse.

— *Sabrina ? Mais non, voyons, c'est ma banquière !*

— *Elle te passe un coup de fil à 7 heures ?*

— *Techniquement, il est 7 h 10 et elle est très consciencieuse.*

Non.

Il lui fallait échapper à cela à tout prix.

Elle descendit les marches à la volée, des larmes coulant sur ses joues sans qu'elle ne puisse les retenir.

Elle s'était fait avoir.

Cueillir les roses de la vie ! N'importe quoi. On souffrait toujours à ce jeu-là. Tu parles d'une célibattante... , songea-t-elle en s'essuyant le visage.

Elle parcourut au pas de charge les rues et les avenues la séparant de son petit appartement, ne s'arrêtant que pour faire le plein de pains au chocolat.

Lorsque enfin elle fut chez elle, les sanglots s'espacèrent, puis cessèrent. Attaquant sa première viennoiserie, elle s'affala sur son canapé, son ordinateur sur les genoux.

— Tu n'as pas besoin d'un pauvre type pour t'épanouir, murmura-t-elle avec détermination.

Malheureusement, elle ne parvenait pas à s'en convaincre et s'en voulait mortellement d'avoir succombé aux charmes de Lucas.

Elle sentit son téléphone vibrer dans sa poche : deux appels en absence de Ludivine qui dataient de la veille... et un texto de Lucas :

Où es-tu ? Tu n'es tout de même pas allée chercher les croissants ?

C'était le pompon.

Quadruple crétin !

Croyait-il qu'elle allait se précipiter pour lui apporter le petit déjeuner au lit ?

Pourquoi pas lui faire la danse du ventre et l'éventer, tant qu'il y était !

Il ne manquait pas d'air.

Si elle était allée lui chercher quelque chose, elle aurait opté pour un pain au chocolat fourré à l'arsenic ou, dans le genre moins criminel, une bonne vieille tarte à la crème qu'elle aurait écrasée sur son front arrogant.

À bout de nerfs, elle composa le numéro de Ludivine.

— Ma chérie ? répondit celle-ci d'une voix ensommeillée. J'ai essayé de t'appeler hier... Alors, la visite ? Avons-nous triomphé ?

— Pas vraiment...

— C'est quoi cette petite voix ? Un souci ?

Lisie lui déballa tout, ponctuant son récit de gros sanglots : le chantage de Théophile, le tête-à-tête avec cet horrible porc, ainsi que ses mésaventures amoureuses.

Ludivine l'écouta sans l'interrompre, marmonnant toutefois quelques injures bien senties à l'évocation de Gros Porc.

— Tu veux que je vienne te voir ? lui demanda-t-elle avec sollicitude.

— Non, tu travailles ce matin... Je te rejoindrai plus tard. Je dois préparer ce fameux cocktail : j'ai des tonnes de fournisseurs et d'artisans à appeler et je n'ai pas hâte de revoir Théophile. Dieu sait le châtiment qu'il me réserve !

— Tu crois qu'il te laissera organiser la soirée ?

— Je ne lui demande pas l'autorisation. Après tout, il a signé un papier... Et j'y tiens tellement ! J'ai bossé des mois sur ce projet. Mais j'aimerais vraiment qu'Arsène soit au courant : ça me gêne de puiser dans les fonds du zoo sans sa permission, même si une enveloppe a été créée pour. J'aimerais tellement lui parler. Il me manque.

— Et si tu appelais la réception des hôtels d'Ibiza ? Avec un peu de chance, tu tomberas sur lui ! Attends deux secondes... Oui Clémentine, c'est Lisie.

Ludivine n'était donc pas seule.

— Je te dérange ? Tu es avec ta rouquine ?

— Tout à fait, mais tu ne me gênes absolument pas, tu penses ! Je suis heureuse que tu m'aies appelée !

Pourquoi Ludivine n'avait-elle pas droit au coup des nanas en *a*... aux moqueries... aux avances d'un immonde patron ?

Sentant la jalousie l'étreindre, Lisie coupa court à la conversation.

— Écoute, je te tiens au courant, d'accord ?

— Ça roule, ma poule. Bon courage. N'hésite pas, si tu as besoin de quoi que ce soit !

Après avoir raccroché, Lisie vérifia ses mails. Mme Harshiche lui avait envoyé la liste de ses desiderata. Le cocktail se ferait dans l'Allée des Ailes. Cinquante-deux invités. Il faudrait une scène pour les musiciens et les danseurs qu'elle-même se chargerait d'engager. Des lampions multicolores, des tables rondes accueillant quatre personnes, un menu soigné et exotique. Une touche de raffinement, mais surtout de la couleur, de la vie. Elle lui laissait carte blanche, se fiant à son bon goût.

Lisie établit rapidement un devis qu'elle lui envoya, passa commande chez cinq ou six fournisseurs, puis se mit en quête d'une page Internet répertoriant tous les hôtels d'Ibiza.

Ce serait long, alors autant s'y mettre tôt.

Son téléphone sonna : Lucas.

Elle lui raccrocha au nez et tenta de se distraire en appelant le premier numéro de la liste qui s'affichait sous ses yeux.

— Tu parles d'une distraction, bougonna-t-elle, lugubre.

— *Buenos días, Hostal Grazia Miel !*

Pourquoi avait-elle abandonné l'espagnol en troisième ?

— *Hola*... Euh... est-ce que vous parlez français ?

— Parfaitement, madame. Que puis-je faire pour vous ?

— Je souhaite être mise en relation avec un ami descendu dans votre hôtel, Arsène Lafable.

— *Un momento, por favor.*

Lisie entendit les tapotements caractéristiques d'un clavier. Ce serait tellement merveilleux de faire mouche à la première tentative ! Si seulement le destin lui facilitait les choses... Il lui devait bien ça !

— Désolé, madame, nous n'avons pas de M. Lafable, ici...

Déçue, Lisie raccrocha. Bien sûr que la tâche serait ardue. Que croyait-elle ?

Cinquante-sept échecs plus tard, elle frôlait la dépression nerveuse. Elle avait eu un mal fou à baragouiner en espagnol, avait perdu deux heures de son précieux temps, et tout cela pour rien !

Son téléphone vibra : numéro inconnu, cette fois.

Mme Harshiche ?

Lorsqu'elle décrocha, l'infâme voix caverneuse de Théophile se fit entendre.

— Surprise ?

Lisie hésita.

— Je dois avouer que oui, répondit-elle d'un ton neutre. Où vous êtes-vous procuré mon numéro ?

— Dans le fichier du personnel, misérable petite cruche ! Mais ce n'est pas le sujet. Sachez que notre accord ne tient plus. Vous avez choisi de filer avec votre cloporte de bas étage, tant pis pour vous. Je retire mon offre et maintiens mon projet de vente. Vous allez vous en mordre les doigts !

Stupide animal.

Il avait oublié un détail d'importance !

Goldorak et son fulguropoing, c'était elle. La victoire était proche.

— J'en doute fort... J'ai un papier signé de votre main, qui stipule que vous abandonnez vos projets et que vous me laissez réintégrer mon poste... Vous êtes fait comme un rat. Alors, qui est le plus stupide dans l'affaire ?

Elle attendit qu'il beugle de dépit ou qu'au moins il pleure un peu, mais non.

Lorsqu'il reprit la parole, sa voix était empreinte de satisfaction :

— Laissez-moi réfléchir... Avez-vous pris ne serait-ce qu'un instant pour lire ce document, petite dinde ?

Le cœur de Lisie bondit dans sa poitrine.

Elle fouilla dans son sac, trouva le contrat et le déplia.

Je soussigné, Théophile Lafable, déclare que je m'apprête à manger de délicieux sushis en présence de Mlle Para. À Montpellier, le 7 juillet 2014

Lisie ne put réprimer un cri de rage et donna un violent coup de pied dans la table basse qui se renversa. Sa tasse pleine de café fit un vol plané et atterrit sur le tapis blanc.

Mais pourquoi n'avait-elle pas lu par-dessus son épaule ?

— Oh ! Vous êtes en colère ! ricana Théophile. Il ne faut pas vous mettre dans ces états-là...

Il jubilait.

— Au boulot, ma petite dame ! Je vous attends d'ici une heure. Ah, j'oubliais ! Ne vous mettez pas sur votre trente et un. Inutile pour récurer les crottes des singes.

— Je ne viendrai pas, espèce de salaud ! hurla-t-elle, hystérique.

— Vous démissionnez ?

À ces mots, il souffla bruyamment dans le combiné.

Il devait fumer un de ses atroces cigares en se délectant de sa souffrance.

— Non, bougre de vicelard ! Je prépare un cocktail. Pour demain, même ! Et vous n'avez pas intérêt à me mettre des bâtons dans les roues.

Autant le lui dire. Il s'en rendrait vite compte.

— Voyez-vous ça ! C'est qu'elle n'abandonne pas, la péronnelle !

Il se tut un instant et, d'un ton amusé, reprit :

— Faites donc. Ce sera drôle.

Il allait lui rendre la vie impossible... Mais tant pis. Elle lutterait.

— Je n'y manquerai pas. Quant à vous, poursuivez vos manigances. Vous savez, plus je réfléchis, plus je me dis que votre père n'acceptera jamais de vendre.

— Lorsqu'on a un cerveau de moineau, on se garde de réfléchir, ça ne conduit à rien.

C'en était trop !

Se croyait-il plus puissant qu'elle ?

Elle allait le ratatiner, lui faire mordre la poussière, à cette montagne de graisse ambulante, à cette usine à postillons, à ce tord-boyaux de première !

Elle raccrocha pour constater qu'elle avait reçu un nouveau message de Lucas :

J'espère qu'il ne t'est rien arrivé.

Mais ils n'allaient pas lui foutre la paix, à la fin, tous autant qu'ils étaient ?

Dans un accès de démence, elle se précipita aux toilettes et jeta rageusement son portable dans la cuve... Geste qu'elle regretta presque immédiatement.

Foutre un iPhone en l'air pour ces sales types !

Elle était devenue complètement folle !

Elle récupéra l'appareil du bout des doigts pour constater avec aigreur qu'il ne fonctionnait plus très bien : l'écran affichait des signes fantaisistes et il fallait appuyer comme une malade sur les touches pour taper quelque chose qui ressemblait vaguement à un mot, mais n'appartenait pas à la langue française.

Pour une obscure raison, le téléphone avait basculé en configuration allemande.

Génial.

Elle tenta tout : le sèche-cheveux, les coups de torchon, le démontage-remontage : rien à faire.

— Récapitulons, souffla-t-elle, vaincue, se laissant glisser sur le carrelage. Je me suis fait avoir par un coureur de jupons. J'organise un cocktail en tapant allègrement sur le budget du zoo sans qu'Arsène, évanoui dans la nature, ne soit au courant, et sans même être certaine que ça pourra se faire. Gros Sagouin va tout mettre en œuvre pour foutre en l'air la réception. Vraiment, j'ai une existence de rêve !

Quelqu'un frappa à la porte à cet instant, la faisant sursauter.

Qui cela pouvait-il bien être ?

Phil avait-il donné son adresse à Lucas ? Était-il venu la harceler jusqu'à son domicile ?

Elle approcha à pas de loup et regarda dans l'œilleton.

Ouf !

— Ce n'est que toi, dit-elle en ouvrant à Reno.

— Quel ton sinistre ! répondit-il avec un grand sourire. Eh oui, ce n'est que moi ! Tu t'attendais à quoi ? Un chippendale ? Ouh là là... Vu ta tête, plutôt à Freddy Krueger. Je viens récupérer le vélo que tu m'as sournoisement chipé !

— Un petit café d'abord ?

Un peu de compagnie ne lui ferait pas de mal...

— Volontiers, fit-il, en s'affalant sur le canapé. Alors ma belle ? Quoi de neuf ?

— Si tu savais ! répondit-elle en lui préparant un expresso.

— Raconte. J'ai le temps, mon ordinateur vient de planter : je suis officiellement en congé aujourd'hui. Les devis attendront.

Elle avait besoin d'extérioriser et lui narra donc ses grandes manœuvres pour contrer Théophile et ses difficultés à joindre Arsène. Forcément, elle dut inclure Lucas dans son récit.

— Mais tu as un mec, alors ?

— Ne parlons pas de lui, le coupa-t-elle sèchement. Il s'avère en fait que c'est un moins que rien.

— Tant mieux, car je n'en peux plus de l'amour, moi ! Ma coloc ne cesse de parler de son Charles : elle l'appelle déjà Bibi. Bibi ! Et elle n'arrête pas de me demander conseil sur les alliances, les enterrements de vie de jeune fille... Comme si j'y connaissais quelque chose !

— Anna va se marier ?

Il ne manquait plus que ça ! Tout le monde nageait dans le bonheur le plus total.

Merveilleux.

— Absolument pas ! Elle est témoin pour une tarée qui est persuadée qu'elles sont amies.

Lisie était tellement obnubilée par ses problèmes qu'elle n'arrivait pas à prêter vraiment attention au discours de Reno, qui ne manqua pas de le remarquer.

— OK, OK, parlons de toi. Je résume la situation. En fait, c'est très simple : si tu parviens à joindre Arsène, tout se débloque, c'est bien ça ?

— Exactement... Mais il est introuvable, injoignable, je ne vois pas comment faire...

Reno but une gorgée de café, s'alluma une cigarette et réfléchit.

— J'ai bien une idée, moi...

Lisie se jeta à ses côtés.

— Dis-moi tout !

— Ton PC s'il te plaît.

Reno tapota sur le clavier et lui mit sous le nez un site dont le titre clignotait en lettres rouges : *Événemenciel ! Vos messages en plein vol !*

Lisie parcourut la page en lisant à haute voix.

— *Clamez votre amour, faites votre demande en mariage ou transmettez n'importe quel message sur une banderole tirée par un superbe deltaplane ! Une initiative originale qui en surprendra plus d'un ! N'hésitez pas ! Envoyez-vous en l'air !*

Lisie cria de joie. S'il ne sentait pas autant le tabac, elle aurait embrassé son voisin à pleine bouche.

— Tu es un génie !

— Je sais, mais avant de me remercier, clique sur l'onglet « Prestation », histoire de voir un peu ce que ça coûte.

— Deux cent cinquante euros !

Ce n'était pas donné... Mais cela lui permettrait à coup sûr de faire mouche !

Il y avait juste un minuscule petit couac... C'était un site français et ils n'allaient certainement pas faire voler leur petit engin jusqu'à Ibiza pour ses beaux yeux ! Quoique, si elle envoyait une photo de charme au responsable, peut-être qu'il y aurait une possibilité...

Non.

La technique de la séduction n'avait pas payé avec les vigiles de La Voile bleue. Mieux valait ne pas y penser.

— C'est un site français... Comment faire...

Reno lui prit le portable des mains et, cinq minutes plus tard, affichait un sourire triomphant.

— Et voilà ! La même chose à Ibiza. En plus, ça ne te coûtera plus que cent cinquante euros ! L'avion tourne à intervalles réguliers pendant toute la journée. Si avec ça, ton patron n'est pas au courant, je te rembourse !

Lisie lui tapa dans la main et commença à remplir la fiche de réservation. Tout se faisait en ligne.

Fabuleux !

Message que vous voulez faire passer ?

Euh...

Si seulement elle avait été richissime, elle en aurait fait planer un max, de petits avions, dans le ciel montpelliérain. Elle se sentait inspirée.

Lucas à la noix ! Tu n'es qu'un vil séducteur de bas étage qui n'insuffle en moi que la rage. Certes, tu as un corps à damner les saintes, mais ta stupidité te rabaisse au rang des ânes bâtés...

Théophile, sanglier répugnant aux dessous de bras puants. Le jour où tu me lécheras les pieds, les têtards auront des nez.

Oui, cela faisait rêver... Mais ce n'était pas le sujet.

Arsène.

Comment pouvait-elle faire en sorte de pondre quelque chose de pas trop affolant — il ne faudrait pas qu'il succombe à une nouvelle crise cardiaque — mais qui montre clairement l'urgence de la situation ?

Arsène, au secours, sauve-moi en appelant le 06 35 46 22 11.

Trop mélodramatique...

Arsène, j'ai de gros soucis mais rien qui ne nécessite que tu meurs d'une attaque foudroyante en lisant ceci. Appelle-moi au 06 35 46 22 11.

Encore pire.

Non...

Arsène, il est urgent que tu m'appelles au 06 35 46 22 11.

Voilà qui était mieux. Pressant, mais pas trop angoissant. Professionnel.

Elle appuya sur « Validation », paya en ligne et referma son ordinateur, soulagée.

Il ne lui restait plus qu'à attendre : d'ici deux heures, son deltaplane parcourrait l'azur des Baléares. Arsène verrait le message et la contacterait dans les plus brefs délais. Elle lui avouerait tout. Impossible qu'il donne raison à son fils quand il saurait l'ignoble chantage que ce dernier lui avait fait subir, et tout ce qu'il complotait derrière son dos... Il joindrait ensuite Théophile, qu'il renierait, et elle pourrait organiser son cocktail en toute sérénité.

Happy end.

Sauf qu'elle serait toujours seule...

Mais si, professionnellement, tout s'arrangeait, elle se

jura de ne pas devenir aigrie et d'endosser avec ferveur son costume de célibattante.

— Tu penses que ça va marcher ? lui demanda Reno.

— Pas de doute... Je te remercie. Vraiment, tu es parfait.

— Sors avec moi, alors ! répondit-il, en lui prenant la main.

Lisie rit de bon cœur.

— Arrête ton baratin ! Je sais que tu préfères les petits gabarits. Allez, viens, on va récupérer ton vélo !

Lorsqu'ils furent au garage, le téléphone de Lisie sonna... ou émit plutôt un gargouillis inquiétant.

L'écran n'affichait plus rien, mais elle put décrocher.

— Allô ?

Elle ne reconnut pas la voix : on aurait dit celle du psychopathe dans *Scream*.

Son portable était sérieusement endommagé... Mais tant qu'elle pouvait prendre les appels, tout allait bien : Arsène pourrait la joindre.

— Qui est-ce ?

— C'est moi, Ludivine ! Viens immédiatement à la réserve. Nous avons un gros problème. Un très gros problème. Je ne peux pas te parler plus longtemps, grouille-toi !

— Attends ! Qu'est-ce qui se passe ?

Mais Ludivine avait déjà raccroché.

Quelle catastrophe allait encore lui tomber sur la tête ?

Au moment où elle tendait son vélo à Reno, elle se ravisa.

Sa voiture était restée garée au zoo.

— Je te l'emprunte.

— Encore ? s'exclama-t-il, sans lâcher son précieux bien. Je voulais profiter de ma journée de liberté pour me muscler les jambes ! Il paraît que les femmes aiment les cuisses bien dessinées !

— Couche-toi sur ton tapis et pédale en l'air, ce sera

aussi efficace ! lui répondit-elle, en lui arrachant le vélo d'un geste brusque.

Une seconde plus tard, elle fonçait comme une dératée vers la sortie, sous l'œil offensé de Reno.

10. Rencontre, urgences et danger de mort

Lisie se précipita vers l'Allée des Ailes dans l'espoir d'y trouver Ludivine. À l'intérieur de la volière, ça caquetait, roucoulait, hululait à qui mieux mieux : des oiseaux à perte de vue, mais pas de trace de son amie.

En ressortant de l'espace de dressage, elle tomba sur Dark qui semblait l'attendre. Que faisait-il encore hors de sa cage ? Personne n'avait réussi à l'y recoller de force ?

— *T'as vraiment pas une gueule de porte-bonheur...*

Sympa, l'accueil. Lisie étouffa un juron. Elle n'avait pas le temps de s'offrir une joute verbale avec un perroquet.

— Je te retourne le compliment. Est-ce que tu as vu Ludivine ?

— *J'adore l'odeur du napalm au petit matin...*

Voilà qu'il versait dans le film d'action, maintenant.

— Tu es gentil, tu oublies *Predator* et *Apocalypse Now* et tu me réponds, sinon, je te fais bouffer ton plumage !

Il avait sévèrement besoin qu'on lui rabatte le caquet. Elle aussi pouvait se la jouer muscles et testostérone !

L'oiseau inclina la tête sur le côté d'un air innocent et se lécha les pattes avec entrain.

Il gloussait.

Follement drôle.

C'est vrai que la situation était hilarante.

Qu'est-ce qu'on se marrait...

— *Action ou Vérité ?*

Lisie s'était pourtant juré de ne plus jouer avec lui, mais dans ses yeux ronds brillait une lueur d'excitation : il savait quelque chose. Lorsqu'il se posa à côté d'elle, elle parvint à lui coincer la queue sous sa basket.

Alors ? Qui était le maître, maintenant ?

— Vérité, et c'est moi qui pose les questions : où est Ludivine ?

Dark s'agita un peu avant de s'avouer vaincu.

— *Viens donc, vieux cuissot à la peau d'orange !*

Une fois libéré, il claqua du bec avant de s'envoler jusqu'au bâtiment du personnel. Lisie le suivit, peinant à garder le rythme.

Bougre de volatile ! Il ne faisait jamais d'exercice, mais se montrait aussi rapide qu'un épervier ! Soufflant comme un bœuf harnaché à une charrue, Lisie se jura de se remettre au sport. Ce n'était pas parce qu'un prof de body-sculpt l'avait traumatisée à vie en lui appuyant sur les épaules pour la forcer à faire le grand écart qu'elle devait renoncer à l'exercice physique pour l'éternité. Il lui faudrait juste trouver quelqu'un d'exception.

SPORT ET PLAISIR !

Professeur de gym-tonic, célibataire, musclé, yeux verts, beau comme un dieu, donne cours particuliers. Méthode douce. Affinez votre silhouette grâce au sauna et aux massages drainants. Oubliez les abdominaux et autres tortures, et testez ma méthode ! Je saurai vous combler... et plus si affinités !

Elle accéléra la cadence et retrouva Dark devant l'entrée.

— *Le monde se divise en deux catégories, mon ami : ceux qui ont la corde au cou et ceux qui la leur coupent.*

Très rassurant.

Très inspiré.

Quel message voulait-il faire passer ?

Il lui présenta ses fesses et repartit, guilleret.

Ludivine et Phil se tenaient devant le bureau de Chefaillon, pressant leurs visages contre la porte vitrée.

— Qu'est-ce que vous faites ? leur demanda-t-elle, les rejoignant précipitamment.

Lulu était blanche comme un linge et Philie-sexy, à moitié tétanisé, lui désigna l'intérieur de la pièce.

Elle approcha.

Non !

Ce n'était pas possible.

Sam-le-fou avait complètement déraillé !

Il se dressait devant Théophile, lui-même agenouillé en une posture de supplication.

Fini le cigare, le rire gras et le rictus d'autosatisfaction : de gros sanglots le secouaient et faisaient trembloter ses bourrelets. Il était blême et ses yeux exorbités par la terreur ne cessaient de rouler dans leurs orbites.

Les deux boas de Sam se tenaient devant lui, prêts à attaquer.

Effectivement, il y avait un gros problème.

Un très gros problème.

— Bon Dieu, mais qu'est-ce qui lui prend, à Sam ? tonna-t-elle, tentant d'actionner la poignée. Il est devenu cinglé !

La situation lui apparaissait dans toute son horreur. Sam avait craqué. Il allait tuer tout le monde et, bouquet final, se suicider juste après.

Normalement, on voit ça à la télé, installé bien confortablement dans son canapé, une verveine à la main ! Ce genre de truc n'arrive jamais dans la réalité ! Enfin, si... mais pas ici ! songea Lisie, gagnée par la panique.

Elle se tourna vers ses compagnons.

Ludivine, hébétée, ne pipait mot.

— On ne sait pas, répondit Phil d'une voix atone. Je l'ai vu passer avec ses deux potes autour du cou. Il avait l'air surexcité et marmonnait dans sa barbe. J'ai senti qu'il y avait un souci quand il s'est dirigé ici : il ne met habituellement jamais les pieds dans ce bâtiment. Il dit que ça pue l'humain. J'ai prévenu Ludivine et nous l'avons suivi. Quand nous sommes arrivés, il était déjà enfermé dans la pièce. Il refuse de parler et d'ouvrir à quiconque, mais t'a demandée. C'est toi qui es responsable de tout ça ?

Oh ! hé ! Du calme !

— Jamais de la vie ! Comploter pour faire foirer une visite, oui, mais je ne suis pas une meurtrière !

Pourquoi diable Sam la mêlait-il à cette affaire ?

Il n'aurait pas pu zigouiller Théophile en toute discrétion ?

Sans faire appel à elle pour l'arbitrage ?

Voilà qu'elle devait gérer un fou, maintenant.

Encore une belle journée en perspective...

— Sam ! Je suis là ! hurla-t-elle en tambourinant sur la vitre.

Il tourna la tête. Sa ressemblance avec le psychopathe de *Shining* était tellement frappante qu'elle sentit un long frisson d'épouvante lui parcourir l'échine. Il recula vers la porte sans quitter Gros Chef du regard et, avec des gestes calmes, tourna la clé dans la serrure pour la laisser entrer. Il verrouilla derrière elle.

Merveilleux.

Enfermée avec son pire ennemi et trois criminels en puissance : on ne pouvait rêver d'une meilleure façon de tuer le temps.

Théophile lui lança un regard suppliant qu'elle ignora : les deux serpents retenaient toute son attention.

Pourvu qu'ils ne me sautent pas dessus, songea-t-elle. *Seigneur, si tu existes et au cas où la situation dégénère, fais en sorte que Gros Chef soit choisi comme casse-dalle par les deux monstres et pas moi !*

Sam ricana.

Elle avait le sentiment d'être dans la peau d'un de ces agents du FBI qui s'apprêtent à calmer un dangereux criminel à coups de : « Nous pouvons parler... Si vous coopérez, il ne vous sera fait aucun mal... Oui, c'est ça, posez votre arme, vous pouvez le faire, vous n'êtes pas un tueur... »

Une chose était certaine, il lui fallait garder son calme et tenter de raisonner « l'individu », comme le conseillait judicieusement Horatio dans *Les Experts : Miami*.

— Mademoiselle Para, aidez-moi ! l'implora Théophile.

Une réelle terreur se lisait sur son visage et ses mains étaient agitées de soubresauts incontrôlables.

Ne pouvait-il pas la boucler ! Il allait envenimer la situation ! C'était pourtant bien connu : ne jamais, au grand jamais, sombrer dans la panique ou elle se propage et atteint celui qui veut vous envoyer dans l'au-delà. Et hop ! Il vous zigouille !

Un des boas siffla de manière inquiétante.

— Tu voulais me voir, Sam ? demanda-t-elle, comme s'ils s'apprêtaient à tenir une conversation anodine, voire à se partager une petite camomille.

Alors qu'elle était morte de trouille.

Mais elle ferait face.

Du naturel.

De la décontraction.

— En effet. Tu es la tête pensante du mouvement anti-Lafable-fils, alors je souhaitais que tu assistes à ça !

D'accord.

Il avait carrément donné un nom à la révolte.

C'était flatteur, mais dans le contexte, elle avait du mal à apprécier le compliment.

— Si tu le dis, avança-t-elle prudemment.

— Je suis en pleine conversation avec notre cher

patron. Il me jure qu'il va foutre le camp et ne plus jamais revenir, mais je ne sais pas pourquoi... j'ai du mal à croire cette pauvre fouine...

— Pourquoi fais-tu ça, Sam ?

Toujours répéter le prénom de celui qu'on tente de ramener à la raison : ça le pose dans son identité d'humain, l'éloignant de sa part d'ombre. Elle avait lu ça dans *Détective* la semaine précédente, chez le coiffeur.

Comme quoi, les lectures les plus honteuses pouvaient s'avérer utiles.

— Je vous ai entendus, hier, quand vous avez quitté le vivarium. Cette crapule a dit qu'il avait un autre acheteur ! Jamais je ne le laisserai vendre le zoo et me déloger. Jamais !

Le puzzle était facile à reconstituer : Sam s'était pointé armé de ses deux machines à tuer pour menacer Théophile et lui faire jurer de déguerpir.

Simple comme bonjour !

Le problème n'était pas insurmontable...

Gros Chef jurerait de détaler et mettrait ses promesses à exécution.

Fin de l'affaire, boucle bouclée !

— Mais je me tâte... Peut-être que je devrais liquider ce salaud.

Ouh là...

Ça se corsait un tantinet.

Lisie prit sur elle pour ne pas perdre pied.

— Je comprends, Sam. J'ai moi-même envie de le massacrer, poursuivit-elle, histoire de le brosser dans le sens du poil, avant de le raisonner.

Gros Sanglier glapit de terreur.

— Ah ! Je savais que tu étais une dure à cuire, approuva Sam, triomphant.

Il savait parler aux femmes. *Dure à cuire... Tête pensante* ! Elle ne put s'empêcher de lever fièrement la tête, mais se ressaisit vite. Le plus urgent était tout de même de le calmer.

— Attends... Réfléchis... C'est insensé. Qu'est-ce que tu vas faire du corps, si tu le tues ?

Une lueur démente éclaira le regard de Sam.

— Facile ! Il me suffira de le couper en deux. Une moitié pour Pat, une moitié pour Kim. Elles souffrent d'une carence en fer, en ce moment. Un bon bout de barbaque et hop ! Requinquées ! Pas de corps, pas de preuve.

OK.

Là, c'était indéniable, on avait basculé dans l'horreur la plus totale.

— Tu n'as pas à faire ça. Théophile va partir.

— Je vous promets que je m'en irai, si vous me laissez tranquille ! Vous n'aurez plus à vous soucier de moi, je... je le jure.

Il était pathétique.

Il pleurait à chaudes larmes et de la morve verte lui dégoulinait sur la barbe.

Tiens ! Il avait ôté son bandage ! Son nez allait mieux, mais son œil virait au violacé, à cause du coup de poing de la veille. Lisie l'observa avec attention : elle le détestait et l'avait trucidé une ou deux fois de manière particulièrement violente dans ses fantasmes les plus fous, mais elle ne souhaitait pas avoir sa mort sur la conscience.

Et puis... elle tournait de l'œil à la moindre goutte de sang. Alors, pas question d'assister à un carnage !

Sam hésita, puis son visage se durcit.

— Je ne sais pas si je peux te croire, vermine... Qui me dit que tu ne vas pas foncer chez les flics en sortant d'ici ?

Ah.

On passait à la phase *criminel qui n'a pas confiance.* Il fallait à présent la jouer rassurante et maternelle.

— Il ne le fera pas, Sam, affirma-t-elle, s'efforçant de maîtriser le tremblement de sa voix.

— Bien sûr ! Je quitterai les lieux et vous n'entendrez plus parler de moi !

Kim glissa plus près de lui, ce qui eut pour effet de le faire hurler. Il recula à quatre pattes et se cogna quelques mètres plus loin contre la table basse.

La situation dégénérait.

Si elle n'intervenait pas, les murs de la pièce seraient bientôt repeints du sang de cet abruti.

C'était injuste, tout de même ! Pourquoi était-ce à elle de sauver la peau de celui qui avait fait de sa vie un enfer ?

Elle rassembla tout son courage et s'interposa entre l'animal et Chefaillon.

— Si je meurs à cause de vous, je vous tue ! lui lança-t-elle rageusement.

— Pousse-toi, Lisie, lui ordonna Sam.

Elle ne bougea pas d'un poil.

— Allez, Sam, remballe tes serpents et dégage, avant que ça ne tourne au vinaigre.

La charmante Kim se dressa de toute sa hauteur. Elle mesurait un mètre quatre-vingt-dix.

Au bas mot.

Lisie avait une folle envie de vomir... ou de fuir. Ou les deux en même temps.

Elle jeta un coup d'œil à la porte : Phil, livide, semblait statufié, tandis que Ludivine hurlait, tentant de briser la vitre. Songeait-elle à la rejoindre ?

Elle était loin d'y parvenir, en tout cas...

Maudit inventeur du double vitrage.

Si elle sortait de là en un seul morceau, elle porterait plainte contre lui.

— Sam ! insista-t-elle.

Ce dernier se décida enfin. Il rappela son serpent... qui n'obéit pas, mais darda son immonde langue pointue dans sa direction. Quant à Théophile, il lui agrippait le pantalon. Elle avait beau secouer le mollet, il ne lâchait pas le morceau.

Un morveux dans les jupes de sa mère.

— Reviens ici, Kim. C'est un ordre ! exigea Sam.

Manifestement, le boa se fichait des ordres de son maître comme de ses dernières chaussettes.

Ne pouvait-il pas prendre exemple sur Pat, qui s'était enroulée sur elle-même et semblait piquer un petit roupillon, tranquille, dans un coin ?

Ce fut brusque et elle ne vit rien venir.

En un éclair, le serpent plongea sur elle et lui mordit le bras. Elle hurla.

Cela faisait un mal de chien ! C'était plus terrible encore que la fois où elle avait tenté une épilation intégrale du maillot. La douleur fusait, la submergeait.

Elle allait mourir, là, sous les drapeaux de l'OM.

Misérablement...

À la place de ce sale pervers de Théophile.

— Arrête de bouger, lui intima Sam d'une voix autoritaire. Plus tu te démènes, moins elle lâchera. C'est élémentaire !

Élémentaire, élémentaire ! Il en avait de bonnes ! Ce n'était pas lui qui agonisait sous les crocs d'un monstre !

Elle avait l'impression qu'un milliard de guêpes en furie plantaient leur dard dans sa peau.

Crispée par la souffrance et la peur, elle parvint cependant à s'immobiliser.

Cinq secondes après, le boa lâchait prise et rejoignait son maître, imité par Pat qui s'était subitement réveillée.

La vision de Lisie se troubla et elle se sentit soudain très faible ; son sang gouttait par terre.

Elle s'éloignait. Tout était noir.

Voilà.

Elle mourait.

Tout cela pour sauver cet abruti de triple sanglier de Théofion !

Allait-elle voir sa misérable vie défiler devant ses yeux ? Les études ratées, les minables petits coups d'un soir, Jo et ses charentaises...

Les moments heureux ?

Lucas... La nuit, sa peau, son souffle.

Les babas au rhum, les cappuccinos, les inimitables rires de Ludivine, les soirées enjouées...

Lucas...

Avant de s'affaisser sur le sol, elle vit Théophile se précipiter vers la sortie.

Peine perdue, la porte était fermée à clé.

Elle aperçut également Ludivine tambouriner contre la vitre, le visage ravagé par le chagrin et l'horreur.

Sam se pencha sur elle pour écouter les battements de son cœur.

Il ne les percevrait pas bien longtemps.

Ils ralentissaient, ralentissaient...

— Ne t'inquiète pas, souffla-t-il si bas qu'elle parvint à peine à l'entendre. La morsure du boa n'est pas mortelle. Ces bêtes-là sont impressionnantes, mais pas venimeuses. Ça pince, c'est tout ! Un peu comme un gros crabe.

Mais...

Mais...

Oui !

Soudain, sa vision ne fut plus du tout floue. Non, elle ne décéderait pas, là, au fond d'un pauvre bureau mal redécoré !

Elle avait atrocement mal au bras... mais en fait, cela s'arrêtait là !

Son palpitant battait en mesure ! Elle avait simplement eu un petit coup de mou ! Juste un petit coup de mou à la vue de son propre sang.

— Joue le jeu, lui chuchota encore Sam, tandis que Théophile implorait Phil et Ludivine de l'aider à sortir.

Il était dos à elle, ne lui prêtait pas attention, se contrefichait totalement de son sort.

Misérable égoïste !

Elle en profita pour se redresser et faire de grands signes de la main à ses amis qui la fixèrent, stupéfaits, puis elle se rejeta en arrière.

— Je vous en prie ! braillait toujours Théophile.

— C'est trop tard, elle agonise. À cause de vous, déclara froidement Sam.

— Quoi ? Non, non ! C'est vous qui l'avez tuée, avec l'aide de vos deux suppôts de Satan. Moi, je n'ai rien fait !

Lisie, les paupières entrouvertes, vit Théophile se tourner vers son geôlier.

— Si vous n'aviez pas mis le zoo en vente, rien de tout ça ne serait arrivé. Mais rassurez-vous, je ne vais pas vous faire subir le même sort qu'elle. Ce que je vous réserve est pire... Bien pire, continua Sam, dont la voix vibrait de satisfaction. La cavale ! Lisie a été assassinée dans votre bureau. Nous dirons à la police que vous avez subtilisé mes serpents afin de la tuer. Tout le monde me suivra : notre collègue est morte pour notre cause. Un regrettable dommage collatéral... qui nous sauvera tous. Vous irez croupir en prison jusqu'à la fin de votre vie, à moins que vous ne foutiez le camp de là. Très loin. Pour toujours...

Impressionnant !

Sam avait le sens de la réplique, on ne pouvait le nier... Mais il y allait un peu fort, tout de même !

— Vous êtes fou ! Ce sera ma parole contre la vôtre ! objecta Gros Chef avec un semblant de courage.

— Rectification : votre parole contre celle d'une dizaine d'employés. N'est-ce pas ? cria-t-il, à l'adresse de Ludivine et Phil.

Ceux-ci, ayant visiblement compris la manœuvre, acquiescèrent et Théophile en hoqueta de stupeur.

Il garda un moment le silence.

Il réfléchissait.

Prise d'une inspiration subite, Lisie fit entendre un gargouillis d'agonie, suivi d'un râle sonore et se redressa légèrement en pointant sur lui un doigt accusateur.

— Vo... votre... fau... faute.

Elle se laissa ensuite retomber lourdement.

Aïe ! Ça faisait mal au dos, de décéder !

Oui, bon... Elle aurait dû mettre fin à cette comédie sans plus attendre, mais elle avait toujours rêvé de jouer la morte ! Elle pouvait bien s'accorder ce petit plaisir, après ce qu'elle avait enduré !

Il fallait cependant mettre un terme à ce délire : cela n'avait pas de sens et puis il y avait Arsène. Elle ne pourrait supporter son chagrin, si son fils disparaissait dans la nature.

Sans compter que Gros Chef méritait châtiment, mais de là à lui coller un destin de fugitif sur le dos... Un poil disproportionné...

Elle se releva avec une difficulté feinte.

— Tiens ! Je ne suis pas morte !

Bon, OK, il y avait mieux, comme réplique de miraculée...

— Il faut croire que je suis plus solide que j'en ai l'air ! ajouta-t-elle avec un rire gêné.

— Mais qu'est-ce que c'est que cette histoire, encore ?

Théophile posa les poings sur les hanches et l'interrogea du regard, suspicieux.

Sam souffla, visiblement déçu par le sursaut d'humanité dont elle faisait preuve, et approcha si près de son adversaire que ses boas lui effleuraient les cheveux. Celui-ci poussa un petit cri et se ratatina sur lui-même. Le maître de Kim et Pat le toisa de toute sa hauteur.

— Ce serpent a peut-être perdu de sa dangerosité, mais ce n'est pas le cas de tous, dans le vivarium. Maintenant, tu retournes à Marseille et pour toujours, gros lard ! Si tu parles de ce qui s'est passé à qui que ce soit, je te traquerai et crois-moi, je te retrouverai. Je serai accompagné, et pas de boas, cette fois. Dis-toi bien que je n'ai pas peur de la taule : je me suis déjà évadé à trois reprises dans le passé. Je le referai très facilement.

— D'accord...

La voix de Théophile n'était plus qu'un filet.

Sam lui donna une vigoureuse tape sur la tête, ouvrit la porte et, d'un monumental coup de pied aux fesses, l'éjecta de la pièce.

Lisie entendit Chefaillon courir comme un dératé dans le couloir.

Dès qu'ils le purent, Ludivine et Phil se précipitèrent vers elle.

— Comment te sens-tu ?

— Miraculeusement bien, répondit-elle, posant la main sur son cœur.

Ils se tournèrent tous les trois vers Sam qui les observait.

— Dis donc, Sam, tu n'y es pas allé de main morte ! dit Ludivine qui avait repris des couleurs.

— C'est ce qu'on m'a appris, au Viêtnam.

— Crois-tu qu'il obéira ? Il pourrait foncer au commissariat porter plainte.

— J'ai des tonnes d'amis dans toutes les prisons de France. Qu'ils tentent de m'enfermer !

Cette affirmation fut suivie d'un silence gêné.

Lisie se caressa le bras douloureusement : sa blessure la faisait souffrir le martyre.

— Dis donc, Sam, tu es certain que je ne risque rien, avec cette morsure ?

— Ouais. Mais va tout de même faire un tour aux urgences, on ne sait jamais ! Parfois, il peut y avoir des phénomènes allergiques. Je crois que j'ai aussi entendu parler d'un cas de septicémie...

Sur ce, il caressa la tête de Kim et quitta la pièce avec nonchalance, sifflotant la mélodie de *Rambo*.

Super.

Avec sa chance légendaire, elle allait y passer. À tous les coups !

S'il y avait un pour cent des gens qui y restaient, elle en ferait partie.

— Je t'emmène, décida Phil. Ludivine, tu restes ici pour veiller sur la maison.

— Non ! Je veux l'accompagner.

— Si elle tombe dans les pommes, elle aura besoin d'un grand gaillard pour la porter, pas d'un oisillon !

Lisie eut soudain l'impression d'être un pachyderme.

Merci, Phil.

Elle se jura de reprendre Weight Watchers...

Enfin, si elle survivait.

Une fois installée dans la voiture de Phil, Lisie s'empara de son téléphone : à cette heure-ci, son message aérien devait animer le ciel d'Ibiza.

Le portable était éteint.

Elle tenta de le rallumer à deux reprises, sans succès.

Mort.

Un funeste présage ?

Allait-elle subir le même sort ?

Rejetant de son esprit la vision de son propre corps dans un cercueil, elle s'efforça de penser pratique : Arsène ne pourrait pas la joindre, mais tout compte fait, était-ce si important ? Maintenant que Théophile avait quitté le zoo, elle avait le champ libre.

Mais tout de même... Pourvu que Rat Puant ne se soit pas précipité au commissariat ou qu'il n'ait pas appelé Yvonne pour se confier à son père ! Elle n'avait aucune envie de voir Sam emprisonné. Et puis, elle était mêlée à cette affaire... Certes, elle avait sauvé Théophile, mais il s'était rendu compte de la supercherie.

Subir les foudres d'Arsène ou passer le reste de sa vie derrière les barreaux pour complicité dans une affaire d'agression, non, merci !

Quand elle eut achevé de se ronger les ongles de la main droite, elle décida de ne plus se torturer.

Tout se passerait bien. Théophile avait eu une peur bleue. Il ne ferait rien qui pourrait lui attirer des ennuis.

Alors qu'elle se détendait, l'image de Lucas se força un chemin dans son esprit.

Allait-elle un jour réussir à l'éradiquer de ses pensées ?

Incroyable comme il l'obsédait !

Elle tenta de fantasmer sur Phil qui conduisait en silence.

C'était sexy, un homme au volant, non ?

Non, décidément, elle n'y parvenait pas. Il fallait dire aussi que la photo de ses deux filles qui se balançait, accrochée au rétroviseur, n'aidait pas vraiment à le visualiser tout nu.

Et puis, il conduisait lentement... si lentement !

C'était agaçant !

Elle jeta un coup d'œil au tableau de bord : trente à l'heure !

Il se croyait au volant d'un tracteur ? Sa survie était en jeu, nom de Dieu !

Elle était sur le point de lui ordonner de passer la troisième, quand il brisa le silence.

— Alors ? Qu'est-ce qui s'est vraiment passé, hier, avec Théophile ? Je suis désolé de t'avoir espionnée et d'avoir tout raconté à Lucas... Mais je ne savais pas quoi faire... Il a bondi. Ce type a l'air de vraiment tenir à toi.

— Tu parles...

Phil leva un sourcil interrogateur.

— Je n'ai pas envie d'en parler, répondit-elle, en allumant la radio.

— OK, OK... Comme tu voudras, ma grande.

Il cala la fréquence sur le direct d'un match de foot.

Lisie se renfonça dans son siège, croisa les bras et se rongea les ongles de la main gauche.

Lorsque Phil la déposa à l'entrée des urgences, elle

insista pour qu'il retourne au zoo et lui donna des instructions très précises en vue du cocktail. Il fallait prévenir tout le personnel : l'Allée des Ailes devait être impeccable, les arbustes et les buissons taillés.

Il en prit bonne note et repartit, sans même faire mine d'insister pour rester à ses côtés.

Il avait probablement hâte de découvrir son tupper du jour.

Les hommes...

Tous des égoïstes.

Tu deviens aigrie, ma pauvre fille, songea-t-elle en pénétrant dans la salle d'attente.

C'était incroyable ce que les urgences pouvaient être glauques... Les murs étaient peints en vert kaki.

Vert kaki, sans rire ?

Avaient-ils vaguement entendu parler du feng shui ?

Elle s'installa sur un banc et prit son mal en patience.

Au bout d'un quart d'heure, elle trépignait.

Son voisin de droite avait des gaz et un garçon d'une dizaine d'années, assis en face d'elle, hurlait en continu pour que sa mère lui passe sa DS.

— Non, mon chéri, tu as une conjonctivite, c'est déconseillé, répétait-elle inlassablement.

— Et toi, t'as une débilitivite ! Donne-la-moi ! Donne-la-moi ! Donne-la-moi !

Ah, le petit sagouin assourdissant !

Il allait la rendre folle. Elle ne pouvait lutter contre les pets intempestifs du gros dégoûtant d'à côté, mais contre un sale môme qui n'avait pas trois poils au menton, si.

— Dis donc, tu pourrais baisser d'un ton s'il te plaît ? Ta mère a raison.

— Je t'ai parlé, à toi ?

Mais pour qui il se prenait, ce jeune coq ?

Elle avait affronté deux serpents, s'était fait mordre par l'un d'eux et risquait de finir ses jours en costume orange, si elle ne trépassait pas de sa blessure : ce n'était pas le moment de lui chercher querelle.

— Adresse-toi à moi correctement, sinon, tu vas t'en mordre les doigts, merdeux !

Oui, bon... Elle y était peut-être allée un peu fort...

La mère la toisa avec hostilité.

— Vous aussi, adressez-vous correctement à mon fils ! Viens là, chéri, viens... Ne t'occupe plus de la méchante dame. Tiens, ta DS. Pour te consoler !

Le sale gosse lui lança un regard victorieux après lui avoir tiré la langue.

Après les hurlements, elle eut droit à l'infernale mélodie de *Zelda*.

Maudite journée.

Maudite semaine.

Maudite vie.

Quatre heures et demie plus tard, Lisie en était au stade du désespoir le plus profond.

L'homme aux pets était parti, mais il avait été remplacé par trois adolescents complètement soûls qui braillaient comme des gorets qu'on égorge. La jambe de l'un d'eux faisait un angle étrange.

Ils se mirent soudain à chanter.

Et Lisie se remémora sa première rencontre avec Lucas...

De fil en aiguille, elle en arriva à se repasser inlassablement leur nuit d'amour, tout en s'en voulant à mort, mais elle ne pouvait s'en empêcher.

Enfin, l'infirmière l'appela, en écorchant son nom.

Comment pouvait-on réussir à mal prononcer Para ?

Ils s'étaient tous ligués pour la rendre folle ou quoi ?

On la conduisit dans un petit box étouffant et le rideau s'ouvrit sur un médecin...

Un médecin...

Waouh !

Elle avait toujours su que *Grey's Anatomy* était d'un

réalisme absolu : les urgentistes étaient effectivement sexy en diable !

Elle lut sur son badge qu'il se prénommait Arno.

Il avait le crâne rasé et des yeux d'un vert extraordinaire. Sa blouse ne laissait pas voir grand-chose de lui, mais elle paria pour du muscle, du muscle et rien que du muscle.

— Bonjour, mademoiselle. Qu'est-ce qui vous amène ?

— Je me suis fait mordre par un boa et j'ai préféré venir consulter, même si l'on m'a dit que ce n'était pas dangereux.

— Vous avez bien fait, acquiesça-t-il, pas le moins du monde impressionné. Je vais vous examiner.

C'était quoi, les autres urgences de la journée ? Elle lui annonçait qu'un monstrueux serpent l'avait agressée et il ne sourcillait même pas !

Sexy-doctor l'examina avec soin et lui fit une prise de sang.

— A priori, ce n'est pas bien méchant. Il faudra désinfecter et surveiller la plaie, mais tout ira bien. Vous devez patienter une heure ici, le temps d'attendre les résultats du bilan sanguin.

Elle décida de mettre entre parenthèses sa carrière de célibattante.

— Resterez-vous avec moi, Arno ?

Il la regarda avec étonnement.

— Comment ça ?

Mauvaise réponse.

— Excusez-moi... je n'ai rien dit.

— Non, fit-il, en jetant un coup d'œil à sa montre. J'ai une pause. Je peux attendre un peu avec vous ! Alors... Racontez-moi cette histoire de boa.

— Je travaille dans un zoo. Rien à ajouter. Parlons plutôt de vous : depuis combien de temps êtes-vous chirurgien ?

— J'attaque ma dernière année d'internat.

Et ?

Et rien du tout.

Il la fixait sans rien dire.

Ce n'était pas un causant : l'exact opposé de Lucas.

Ce que c'était agréable !

Reposant.

Un peu trop reposant tout de même...

— Racontez-moi les cas les plus insolites auxquels vous avez dû faire face. Pas trop d'hémoglobine, s'il vous plaît, je n'ai pas mangé, je ne tiendrai pas le coup ! reprit-elle.

Il sortit de sa poche un petit paquet de spéculoos et le lui donna, avant de se lancer dans le récit désopilant d'une mamie coincée dans son corset.

Eh ben, voilà ! Il suffisait de le lancer et il était parti jusqu'au bout de la nuit !

Lorsque l'infirmière leur apporta les résultats, elle était complètement détendue, et riait de bon cœur.

Arno parcourut attentivement la feuille d'analyse.

— Tout est bon. Vous êtes libre !

Il remplit une ordonnance et la lui tendit.

— Vous veillerez à désinfecter la plaie tous les matins, pendant quinze jours. Bonne journée !

Et il partit, comme cela, sans même lui laisser le temps de tenter une approche plus explicite.

Voilà.

Elle allait retourner au zoo, s'installer dans le bureau jouxtant celui d'Arsène et achever la préparation du cocktail.

La vie reprendrait son cours normal.

Elle ignorait si elle en était heureuse. Une vague mélancolie lui collait à la peau.

Avant de prendre le bus, elle fit un détour par la pharmacie et tendit son ordonnance à la jeune femme au comptoir. Celle-ci lut le papier et lui dit d'un air entendu :

— Gardez-le bien précieusement !

Lisie fronça les sourcils, s'empara du feuillet, et un sourire ravi étira ses lèvres.

Appelez-moi ! 06 88 97 45 41. Arno

11. Atterrissage, Interphone et prise de conscience

De retour au zoo, Lisie s'empressa d'aller rassurer Ludivine, puis s'installa dans son bureau, prête à se remettre au travail.

La douleur de la morsure s'estompait sous le bandage que lui avait fait Arno... Chefaillon ne traînait plus dans les parages... et, cerise sur le gâteau, dans son sac, griffonnée sur l'ordonnance, une promesse de rendez-vous... Un avenir radieux s'ouvrait à elle. Elle alluma la radio et se mit à chantonner.

Tout cela méritait bien une petite danse de la victoire.

Elle se leva et se lança dans un *moonwalk* parfait.

Elle avait ça dans le sang : Michael en aurait mangé son chapeau de jalousie.

Booty shake.

Elle était la reine du monde : Shakira n'avait qu'à se terrer dans un coin sombre.

Jeté de chevelure et grand final...

Ah ! Si seulement on l'avait filmée !

Elle s'arrêta, hors d'haleine, et s'assombrit.

Il y avait toujours ce désagréable pincement, lorsque Lucas surgissait dans ses pensées, mais il s'effacerait peu à peu, à la manière d'un vilain bouton d'acné : on trifouille, on grattouille, alors qu'on sait qu'on ne devrait pas. On ne voit que lui et on a mal... Puis, du jour au lendemain, ce n'est plus qu'un mauvais souvenir.

Voilà... Elle devait s'efforcer de considérer Lucas comme un vilain comédon, et non comme le mâle le plus sexy de l'univers.

Hors de question de passer le restant de ses jours à se lamenter pour un homme qui n'en valait pas la peine.

Les premières notes de *Run the World* se firent entendre : c'était un signe du destin.

Beyoncé lui faisait passer un message.

— OK, Queen Bey, OK. Moi aussi, je suis capable de le *run*, le *world*, et sans aucun lourdaud volage dans les pattes !

Winneuse.

Célibattante.

Warrior.

Elle se rassit, gonflée à bloc, et ouvrit sa boîte mail avec enthousiasme.

Tous les artisans avaient répondu favorablement à ses demandes : dès le lendemain, la scène serait installée, ainsi que les tables, les fleurs et les décorations.

Elle passa ensuite quelques coups de fil : le traiteur et les serveurs arriveraient en milieu d'après-midi. Quant aux danseurs et aux chanteurs, Mme Harshiche s'en occupait.

Satisfaite, Lisie s'adossa confortablement contre le dossier de son fauteuil. Il n'y avait plus qu'à attendre que les préparatifs soient lancés.

Le bonheur !

Alors qu'elle s'attaquait à la comptabilité, U2 se mit à geindre.

With or Without You.

Oh non...

Le délicieux sentiment de félicité qu'elle avait ressenti

quelques minutes auparavant s'étiola comme une vieille culotte de fond de tiroir.

— Incroyable, ronchonna-t-elle en coupant le son. Tu parles d'un son *dance floor* ! C'est de la pub mensongère, le jingle de cette radio...

Lucas, intégralement nu, avait fait irruption dans ses pensées. Elle essaya de le congédier, mais le mal était fait : une vilaine nostalgie mêlée de rancœur la tenaillait.

Il fallait agir ! Un comédon, cela se traitait !

Elle allait se transformer en vieille loque sentimentale désabusée, si elle ne tirait pas un trait sur lui.

Elle songea à faire le tour du zoo pour se changer les idées, mais la probabilité de croiser Dark la refroidit... Elle pourrait en profiter pour le coincer et le coller dans sa cage, cela dit : il était grand temps qu'il regagne ses pénates. Mais serait-ce vraiment distrayant ?

— *Fessiers rembourrrrrrés !*

— *Dark, il est temps que tu regagnes ta cage. Que fais-tu dehors ?*

— *T'es bigleuse ou quoi ? Je mate tes cuisses de plus en plus flasques. Flamby ! Espèce de Flambyyyyy !*

— *Si tu te montres coopératif, tu auras droit à une triple ration de Smarties.*

— *Je vais t'apprendre le sens du mot échec !*

— *Allez, ne te fais pas prier.*

— *Un petit baiser, chérie ? Et je te ferai voir ma grosse gondole. Et ma belle tour de Pise. Et je planterai ma grosse fourchette dans ton ravioli...*

— *Ta filmographie sombre dans le mauvais goût, mon pauvre ami.*

— *Ça rime avec Flambyyyyy !*

Non, elle gérerait le monstre plus tard, quand elle aurait une force mentale en béton armé.

D'autant plus qu'il existait un moyen plus radical de se changer les idées...

Elle décrocha résolument le combiné du téléphone

fixe, puis hésita à poursuivre : si elle appelait Arno immédiatement, ne passerait-elle pas pour une pauvre fille désespérée ? Elle avait lu quelque part qu'il fallait attendre deux jours minimum avant de recontacter un homme, histoire de se rendre désirable...

Seulement, là, il y avait urgence.

Tant pis pour les théories ; elle était une femme libérée.

Scarlett s'embarrassait-elle des conventions ?

Non.

Winneuse.

Célibattante.

Warrior.

En un mot : elle.

Et puis, ça lui revenait... C'était dans *Jeune et Jolie* qu'elle avait lu cette histoire de délai. Ça remontait à dix ans. Autant dire une éternité !

Elle n'avait plus l'âge pour ces enfantillages et Nora aurait sûrement donné son approbation : la quête de l'homme n'attendait pas.

Elle composa le numéro avec un brin d'appréhension.

Il décrocha à la deuxième sonnerie.

— Bonjour, c'est Lisie. J'ai bien eu votre mot...

— Et j'en suis ravi !

KO, la théorie de l'attente !

Elle devrait se reconvertir en coach-séduction, un de ces quatre matins...

— Je ne peux vous parler trop longuement, je vais entrer au bloc, mais est-ce que vous accepteriez de dîner avec moi, ce soir ?

Belle voix grave, avec cela ! Elle n'y avait pas prêté attention, à l'hôpital.

— Avec plaisir !

— On se retrouve au Petit Nice à 19 heures ?

— C'est parfait !

— À tout à l'heure, Lisie !

Voilà.

Simple comme bonjour.

Elle avait rendez-vous avec un homme à première vue gentil, simple, direct, charmant !

Elle méritait un type comme cela, qui ne la fasse pas tourner en bourrique constamment et ne transforme pas sa vie en montagnes russes.

Oui. Elle méritait l'exact opposé de Lucas.

Elle fut soudain tirée de ses comptes et devis par un vrombissement insistant, qui devint bientôt de plus en plus assourdissant.

On aurait dit qu'une guêpe géante planait au-dessus du zoo.

Agacée, elle passa la tête à la fenêtre.

Un hélicoptère !

Il ralentissait et descendait au-dessus de la plaine végétale, où il comptait manifestement se poser.

C'était quoi encore, cette histoire ?

Personne n'avait le droit d'y atterrir, sauf urgence !

Qu'avait-il bien pu se passer ?

Un accident qui nécessitait de transporter la victime ailleurs qu'à Montpellier ?

Ce devait être grave...

Elle se précipita hors du bureau et courut à en perdre haleine vers l'engin qui s'était posé, ses suppositions allant bon train.

Sam, échauffé par sa petite scène avec Théophile, avait décidé de jouer le même tour à Malcolm, son collègue du bac aux tortues : ils se détestaient depuis toujours... Malcolm avait eu moins de chance qu'elle et était tombé dans le coma...

Une barrière de sécurité avait lâché ; un lion s'était échappé et avait dévoré un visiteur... voire plusieurs... Une famille entière, peut-être ! Bébé compris !

Quelle horreur !

Dark, sortant de nulle part, se mit à voler à ses côtés.

— *Ça ballotte, ça ballotte ! Soutien-gorge à armatures la prochaine fois !*

Infernale engeance !

Lisie tenta de lui donner une tape bien sentie, sans ralentir sa course, mais le perroquet l'esquiva d'une pirouette et se plaça prudemment derrière elle.

Il ne perdait rien pour attendre ! Dès qu'elle en aurait le temps, elle lui ferait bouffer ses plumes et le condamnerait aux repas à base de graines pour le restant de ses jours. Il pouvait se brosser, s'il espérait de nouveau avaler une sucrerie !

Hors d'haleine, elle atteignit enfin l'hélicoptère. Deux personnes en descendirent.

Cette démarche...

Cette canne...

Ce port de tête...

Pas de doute, il s'agissait d'Arsène !

Arsène était de retour !

En hélicoptère ?

— *Luke, je suis ton père !* hurla Dark, hystérique.

Lisie l'ignora et courut vers son ami, lui sautant dans les bras après avoir brièvement salué Yvonne.

— Mon Dieu ! Ce que je suis contente de te voir !

Arsène, le visage crispé par la désapprobation, recula d'un pas avant.

— Lisie, que se passe-t-il, enfin ?

Pas de « petit roitelet pimpant » ni de « tu m'as tellement manqué »...

Son sourire s'effaça.

Il n'était pas là à cause de son message aérien. Théophile avait dû tout lui raconter, assaisonnant bien sûr l'histoire à sa sauce.

— Tu as vu ma banderole dans le ciel ? demanda-t-elle tout de même, pour tâter le terrain.

— Bien entendu, sinon, je ne serais pas là ! J'ai essayé de t'appeler une bonne vingtaine de fois, mais tu étais injoignable. J'ai ensuite reçu un message de Théophile sur le téléphone d'Yvonne disant qu'il quittait Montpellier ce soir. Pétard, qu'est-ce que vous avez fabriqué, tous ?

Pétard ?

Lorsqu'il se décidait à employer ce genre de langage, c'était mauvais signe...

Yvonne la fixait, les bras croisés, mécontente.

En fait, ils avaient tous les deux l'air furax.

Elle s'efforça de voir le bon côté des choses : au moins, Gros Chef n'avait pas craché son venin.

Devait-elle tout déballer de suite ?

Ce serait un peu... cavalier.

— Euh... Rien... Je voulais t'annoncer que le premier Zoo-cocktail a lieu demain. Surpriiiiise !

Elle leva les bras en l'air et se colla un sourire ravi sur le visage.

Flop international.

Arsène esquissa l'ombre d'un début de rictus de satisfaction, ce qui était bien peu, comparé à ce qu'elle attendait, et Yvonne fronça les sourcils.

Où était passée la mamie sympathique de l'hôpital ? Elle avait viré mégère à la vitesse de la lumière, celle-là !

— Tu veux dire que tu m'as fait m'inquiéter comme un fou, mettre un terme à mes vacances et rentrer en catastrophe pour... ça ?

Oui, bon.

Présenté ainsi...

Le pilote les rejoignit à ce moment-là, tendant aimablement la main à Lisie.

Enfin quelqu'un qui n'avait pas l'air de s'être enfilé cul sec un litre de soupe à la grimace !

— Bonjour, je suis Marty Sterand, le cousin d'Yvonne.

— Enchantée, répondit-elle, sentant le poids du regard courroucé d'Arsène sur elle.

— Nous nous sommes installés chez lui. C'est une chance qu'il soit pilote et qu'il ait été disponible aujourd'hui !

Voilà pourquoi ses appels aux hôtels d'Ibiza avaient été si peu concluants !

Posant un léger baiser sur les lèvres de sa fiancée, Arsène reprit la parole :

— Ma douce colombe, emmène donc ton cousin chez toi. Je vous rejoindrai plus tard. Je dois parler avec Lisie. Nous avons des comptes à régler.

Carrément ?

Elle se sentait comme une gamine qu'on allait gronder puis envoyer au coin. Allait-il lui frapper les doigts avec une règle, comme au bon vieux temps ? Il avait toujours eu un côté *old school* assumé...

Alors qu'elle attendait sa punition, elle remarqua ce qu'elle aurait dû voir dès le début : Arsène portait un nœud papillon noir et une chemise bleue. Unie.

Absence de couleurs criardes et mal assorties : oui, mauvais signe.

Très mauvais signe.

Regardant s'éloigner leurs compagnons, Lisie avala sa salive.

— Maintenant, tu vas me faire le plaisir de me dire ce qui se passe *vraiment*. Et vite !

Ouf.

Il ne la châtiait pas.

Mais comment allait-il réagir, lorsqu'il apprendrait qu'elle avait participé à un complot contre son fils ? Pire que cela... qu'elle avait *initié* les tentatives d'éradication de Chefaillon ?

Dans le doute, elle préféra l'esquive.

— Rien ! Je voulais seulement te prévenir ! J'étais si enthousiaste ! Et puis, ça me gênait de puiser dans le budget sans que tu le saches. J'ai fait appel à Filmac : ils m'ont fait un devis intéressant pour la scène et...

— Tu devrais travailler ton jeu d'actrice, ma chère, la coupa-t-il. Lorsque tu mens, tu entortilles ta mèche de manière tout à fait frénétique... Tu le savais ?

Lisie lâcha le bout de cheveu qu'elle martyrisait : l'anglaise qu'elle avait formée retomba mollement sur ses yeux.

Oups.

Elle devrait travailler sur le langage corporel, à l'avenir.

— Désolée... C'est seulement un tic.

— Et le départ soudain de Théophile ? Le bandage sur ton bras ? Tu n'as rien à me dire là-dessus ?

— Oh ! Ça ? J'ai voulu nourrir Kim ! Ce sont des choses qui arrivent ! Les risques du métier, tu sais ce que c'est !

— Tu détestes les serpents.

— Pas tant que ça, finalement. Il faut bien s'ouvrir, dans la vie et...

— Trêve de sornettes !

C'était la première fois qu'elle l'entendait hausser le ton.

Elle avait toujours su que sous son air débonnaire se terrait un homme de poigne, mais elle n'avait encore jamais goûté à la chose. Il la toisait, ses yeux gris lançant des éclairs.

Où était passé son cher Arsène, bienveillant et guilleret ?

— Je déteste qu'on me mène en bateau, Lisie, surtout toi. Tu es honnête et j'ai toujours eu confiance en toi, alors tu vas tout me raconter.

Elle s'était montrée mauvaise, ça, c'était sûr, mais Gros Chef l'avait surpassée à ce jeu-là. Tout était de sa faute...

— C'est-à-dire que ça concerne Théophile... C'est délicat.

Elle se tut, n'ayant pas le courage de poursuivre.

Lui flanquer la vraie personnalité de son fils à la figure dès son arrivée, c'était un poil violent. On en voulait toujours au messager !

On détestait le messager !

On tuait le messager !

Si Arsène se détournait d'elle, elle en aurait le cœur brisé.

La voyant sombrer dans le mutisme, il l'agrippa par le bras.

— Très bien. Nous allons rendre une petite visite à mon fils et nous expliquer tous les trois.

Alors qu'elle tentait de résister, il la fusilla du regard.

— Exécution ! J'ai d'autres chats à fouetter, canaille !

Bon ! Il lui avait donné un surnom !

Moins poétique qu'à l'accoutumée, mais c'était un bon début ! Il ne devait pas lui en vouloir tant que ça !

À la réflexion, peut-être que cette explication serait salutaire... Elle décida donc de laisser faire le destin.

— Où habite Théophile ?

— Juste en face, dans un des studios que je loue et qui est libre cet été.

Lorsqu'ils frappèrent, un jappement apeuré les accueillit.

— Qui est là ?

Waouh !

La petite mascarade de Sam avait marché comme sur des roulettes !

Voyant qu'Arsène la regardait, Lisie s'empressa de ravaler le sourire moqueur qui naissait sur ses lèvres.

— C'est moi ! répondit Arsène.

La porte s'ouvrit immédiatement.

— Père, je suis soulagé que tu sois là, si tu...

Il s'arrêta net, apercevant Lisie, et poussa un cri de poule indignée. On aurait dit qu'il faisait face à une larve dégoûtante.

— Qu'est-ce qu'elle fait là, la dinde ?

— Tu ne t'encombres pas d'un bonjour, rétorqua Arsène, alors je m'épargnerai moi aussi cette peine. Laisse-nous entrer. Nous devons parler.

Ils avancèrent dans une pièce lumineuse. Un foutoir de haute volée y régnait : des valises ouvertes, à moitié remplies, posées çà et là. Des vêtements sur le lit, froissés. Lisie crut apercevoir un slip kangourou à cœurs, mais elle détourna les yeux : si elle y regardait de trop près, ce truc immonde envahirait ses pires cauchemars.

Il s'apprêtait à mettre les voiles !

Merveilleux, ce Sam. Très efficace !

— Maintenant, reprit Arsène en posant sur eux un regard scrutateur, vous allez me faire le plaisir de vous asseoir tous les deux. Nous ne sortirons pas d'ici tant que je ne saurai pas tout. Je ne suis pas né de la dernière pluie : vous me cachez quelque chose. Vous avez intérêt à me dire quoi.

Lisie prit place dans un profond sofa, rejointe par Sanglier Puant qui lui lançait des œillades haineuses.

— Alors ? lança Arsène en tapant du pied.

Un court silence se fit et Théophile prit la parole, une rancœur tenace dans la voix :

— Père, cette femme est fourbe. Elle a tout fait pour que je quitte le zoo...

Ben voyons ! Pauvre victime martyrisée !

Elle n'allait pas laisser cet abruti se transformer en biche innocente.

— C'est faux ! C'est lui qui a manigancé tant et plus pour...

— Et vous, avec votre fausse agonie ? Vous croyez que j'ai été dupe ? Me menacer de mort avec la complicité de votre collègue...

— Dites donc, je vous ai sauvé la vie ! Si vous n'aviez pas...

— ASSEZ ! cria Arsène, apparemment à bout de patience. Vous êtes pires que des gamins ! Je ne veux plus vous entendre vous chamailler ! Honneur aux femmes, tu commences, Lisie.

Théophile ouvrit la bouche pour protester mais Arsène, d'un signe de la main, le stoppa.

Lisie inspira profondément.

Le grand moment de vérité était arrivé : elle ne pouvait plus reculer.

D'un ton hésitant, elle commença alors, se jurant de n'omettre aucun détail. Il était temps de tout révéler à son mentor.

Au fur et à mesure de son récit, elle prit de l'assurance. Théophile, lui, se ratatinait sur place et Arsène haussait les sourcils de plus en plus haut.

Lorsqu'elle en arriva à la visite des Gontran, ce dernier eut besoin de s'asseoir. Il était écarlate. Au moins, il ne se tenait pas le bras : on était encore loin de la crise cardiaque...

— Tu vois, père, tu vois ce qu'elle est capable de faire ! lâcha Théophile avec hargne.

— Tais-toi ! lui ordonna Arsène. Laisse-la finir.

Elle était soulagée de tout avouer, mais la honte la submergeait : elle s'était emballée et avait elle aussi dépassé les bornes des limites...

N'ayons pas peur des mots : la perspective de la vente du zoo l'avait rendue complètement cinglée.

Elle hésita cependant, lorsqu'elle en vint à évoquer son tête-à-tête avec Théophile.

— Eh bien quoi ? Qu'avez-vous marchandé ? exigea de savoir Arsène, inflexible.

— Je devais me laisser...

— Rien du tout, père ! Tu ne vois pas qu'elle affabule ?

— Je sais parfaitement quand Lisie ment ou pas, merci. Et c'est la dernière fois que je te demande le silence avant de te déshériter.

Cela coupa la chique à son fils.

Bien fait ! ricana intérieurement Lisie.

Elle poursuivit son histoire jusqu'à la fin, sans faiblir, n'oubliant rien : ni l'amour de Chefaillon pour les doigts de pied, ni l'affaire des deux boas.

Lorsqu'elle eut terminé, Arsène n'esquissa pas un geste.

Euh...

N'était-il pas censé tempêter ? Râler ? Grogner ? Maugréer peut-être ?

— Vous êtes fous, fit-il enfin. Complètement fous !

— Attends, laisse-moi te donner ma version ! l'implora Théophile.

— Pas besoin.

— Et vlan ! Dans tes dents, souffla Lisie de manière à ce que seul Gros Puant l'entende.

Il lui assena un coup de pied vicieux avant de revenir à la charge.

— Tu décides de croire cette pauvre allumée et non ton propre fils ?

— Que vas-tu me dire ? Qu'elle a inventé cette histoire de toutes pièces ? Et quand tu parles de fils, tu parles de celui qui ne daigne jamais venir me rendre visite, ne serait-ce qu'une fois par an, sauf quand il flaire une bonne aubaine ? Lisie a ses défauts et elle est loin d'être toute blanche dans cette affaire, mais ça fait six ans qu'elle est à mes côtés tous les jours !

Les autres hommes pouvaient aller se rhabiller : c'était Arsène, son chevalier servant !

Yes, yes, yes ! Chefaillon allait terminer sa misérable existence seul et honni de tous !

C'était Noël avant l'heure !

Applaudissez bien fort Théophile Lafable dans le rôle de la grosse dinde farcie !

Mais celui-ci refusait de capituler...

— Ah, ça ! Elle est très forte pour dilapider ton argent dans des projets stupides !

— Elle le fait au contraire fructifier. Tu t'en rendrais compte si tu avais un brin de jugeote et que tu t'intéressais un tant soit peu à la réserve. Imbécile ! Crois-tu qu'on peut vendre un zoo ainsi ? J'ai voulu te donner une chance, tu l'as piétinée.

Et toc !

Théophile, rouge de colère, s'en étouffait presque.

Ce que c'était jouissif !

Mais son ennemi juré n'était pas à bout de munitions : il se ressaisit et colla sur sa face de hyène un sourire affable.

Dieu, ce qu'il ressemblait à Scar tentant d'arnaquer Simba ! Pourvu qu'Arsène ne se laisse pas duper...

— Allons, allons, père, calmons-nous. Si j'ai monté ce projet de vente, c'était pour te faire plaisir. Je voulais te faire une surprise. Tu as besoin de repos...

— Et toi, d'argent, je me trompe ?

Victoire ! Gros Chef ne réussissait pas à embobiner le cher homme !

— Non, voyons...

— Tu es avide à ce point ? La rente des six appartements que je t'ai donnés ne te suffit pas ?

Six ! Ils ne faisaient pas dans le modeste, chez les Lafable !

— Mais si, bien sûr ! Je...

— Fais-moi le plaisir de ne pas riposter. Silence !

Lisie s'apprêta à sauter dans les bras de son protecteur.

Elle l'avait toujours aimé, mais là, cela confinait à l'adoration.

Grâce à son aide, elle avait gagné !

Elle avait vaincu le monstre !

À terre, le goret !

Alors qu'elle se levait pour se rapprocher d'Arsène, il lui intima de se rasseoir, l'air sévère.

Crotte... Allait-elle en prendre pour son grade, elle aussi ?

Théophile la fixa d'un air revanchard et fit mine de changer de position, pour lui pincer violemment la cuisse.

Ignoble raclure de bave de crapaud...

— Et toi ? attaqua Arsène. Qu'est-ce qui t'a pris d'entrer dans son jeu ? Tu n'as donc aucune confiance en moi ? Comment as-tu pu croire une seconde que j'allais le laisser vendre le zoo ?

— Tu étais parti avec Yvonne et...

— Et quoi ? N'ai-je pas le droit, après cinquante

ans de bons et loyaux services et une crise cardiaque, de m'accorder des vacances ? Pourquoi m'as-tu laissé croire que Théophile et toi vous entendiez à merveille ?

— Je... je ne voulais pas te faire de peine, bégaya Lisie, qui ne la ramenait plus du tout.

Voilà où la menait sa délicatesse... La prochaine fois qu'il lui arriverait ce genre de chose, elle foncerait dans le tas comme un taureau excité.

— Tu as gagné. Mission accomplie.

L'ironie était perceptible.

Mais ?

Non !

Arsène détestait l'ironie !

Il était l'antithèse du concept de l'ironie !

Submergée par la gêne et la culpabilité, elle ne prêta même pas attention à son infâme voisin qui reniflait avantageusement.

— Excuse-moi, murmura-t-elle d'une toute petite voix.

Allait-il la renvoyer ?

La renier ?

Où irait-elle ? Que ferait-elle de ses dix doigts ?

Tout le monde se tut et Arsène enfouit la tête dans ses mains. Au bout de cinq minutes, il la releva et les considéra gravement.

— Je n'ai plus l'âge pour de tels enfantillages. Je n'en ai plus la force. Je vais donc me contenter de passer l'éponge. Lisie, tu as intérêt à te décarcasser pour que le cocktail de demain soit un succès total ! Quant à toi, mon cher Théophile, tu vas rentrer à Marseille et continuer à vivre de tes rentes, vu que les gros sous sont ton seul et unique intérêt. Jamais plus je ne te confierai la réserve, tu n'en es pas digne. Mais avant de partir, tu vas me faire le plaisir d'apprendre ce qu'est le travail, afin de pouvoir apprécier ce qui t'est donné sans que tu fasses le moindre effort.

Quoi ?

C'était tout ?

Il ne la punissait pas, ne la jetait pas dehors, ne se détournait pas ?

Lisie sentit son cœur battre plus fort.

Tout allait bien. La vie reprendrait son cours normal ! Elle n'aurait pas à devenir gogo-danseuse pour subvenir à ses besoins !

Elle se rattraperait et prouverait à Arsène qu'elle était digne de confiance.

Oui. Ce serait le nouveau but de son existence... avec celui de trouver un homme sympa et sexy avec qui batifoler.

Et en parlant de cela...

Elle jeta un œil à sa montre : 19 h 45. Elle était affreusement en retard à son rendez-vous avec Arno !

— Théophile, nous te laissons. Tu me feras le plaisir de te présenter demain, au zoo, à 9 heures, conclut Arsène.

— Mais père, je...

— Pas de mais ! Si tu ne viens pas, tu pourras faire une croix sur ton train de vie habituel. Tu iras pointer à Pôle emploi... Et je dois dire que ça ne te ferait pas de mal.

Il ordonna alors à Lisie de se lever et elle le suivit jusqu'à la porte, non sans s'autoriser à tirer la langue à son ennemi. Il la regarda en serrant les poings, impuissant.

N'avait-elle pas toujours dit qu'elle ratatinerait ce sagouin ?

Lorsqu'ils furent dans la rue, Arsène, radouci, la prit par le bras.

— Tu m'as déçue.

— J'en ai conscience et j'en suis désolée. J'étais complètement affolée, dépassée... Et je voulais te dire de ne pas trop en vouloir à Sam...

— Je le connais bien. S'il a agi ainsi, c'est qu'il a été poussé à bout. Enfin, pas tant que ça : vous auriez tous dû savoir que les boas sont absolument inoffensifs. J'ai fait une erreur en confiant la direction à Théophile : je sais pourtant qu'il n'est pas fiable... Écoute, Lisie, je tiens beaucoup à toi. Énormément, même, tu le sais. Tu ne m'as jamais fait faux bond dans le passé. Oublions donc cette sordide affaire et parlons d'autre chose. Qui est ce fameux Lucas ? J'ai cru comprendre que ce jeune homme et toi...

Lisie sentit son cœur se contracter. Pourquoi tout le monde lui parlait-il de ce crétin de première ?

— C'est fini avant même d'avoir vraiment commencé : il est volage et je ne peux pas lui faire confiance.

Arsène lui releva doucement le menton.

— Un moins que rien ! Comment ne peut-on pas apprécier à sa juste valeur ce beau brin de femme ? Tu y arriveras, mon anémone rosacée, tu y arriveras.

— J'y compte bien... J'avais d'ailleurs rendez-vous. Mais ce n'est pas important, je reporterai. Je préfère que tu me racontes ton escapade à Ibiza. Tu es allé en boîte de nuit ?

Arsène rit et son visage, son beau visage ridé, s'éclaira enfin.

— À mon âge ! Non ! Ce fut plutôt plage de sable blanc et cocotiers ! Mais je ne veux pas te retenir. Nous aurons le temps d'en parler demain. Je resterai jusqu'au cocktail et ensuite, je filerai poursuivre mes vacances.

— Tu en es sûr ?

— Oui, file, charmante aigrette. Fais en sorte de trouver le bon, ce soir !

Lisie l'embrassa.

— J'essaierai !

20 heures.

Arno aurait-il patienté ?

Elle descendit le Jeu de Paume à toute allure et s'engouffra dans les petites ruelles qui menaient à la place Jean-Jaurès, réalisant soudain qu'elle passait dans la rue de Lucas.

Lorsqu'elle se trouva en bas de chez lui, elle ne put s'empêcher de lever le nez : sa fenêtre était grande ouverte et un morceau d'Otis Redding s'en échappait.

Ce qu'elle aimait cet air !

Un voile de tristesse l'enveloppa.

Pourquoi avait-elle cru que quelque chose de fort les unissait ?

Aurait-elle dû lui donner une chance de s'expliquer, au lieu de filer comme une voleuse ?

Peut-être...

Non.

Un coureur de jupons le restait éternellement.

On ne changeait pas un homme.

Se remettant en marche, elle se força à se réjouir : le dîner de ce soir serait une réussite.

Un médecin.

Probablement musclé.

Aux yeux verts.

Gentil.

Que demander de plus ?

Lorsqu'elle arriva au Petit Nice, Arno l'attendait, sirotant un verre de vin blanc.

— J'ai cru que tu ne viendrais plus !

— Excuse-moi... J'ai eu une réunion de dernière minute avec mon patron. Enfin... je suis arrivée, c'est l'essentiel !

Elle n'allait certainement pas lui raconter l'affaire dans les détails : il la prendrait pour une folle capable de tout pour arriver à ses fins, ce qu'elle n'était évidemment pas, et en parlerait à un confrère psychiatre qui l'internerait pour la vie. Hop ! À elle la camisole et les petits comprimés roses...

Elle raya cette fâcheuse perspective de son esprit et nota que son rencard sentait divinement bon. Par contre, le reste...

Non, non, non... Ne pas s'arrêter à des détails insignifiants.

Ses yeux étaient superbes, son sourire charmant...

Mais... Ce T-shirt légèrement informe et surtout, surtout, cette espèce de bague de gangsta-rappeur qu'il arborait à la main droite étaient absolument désastreux !

Quelle importance ? Un look, ça se travaille !

Tout de même... D'où sortait-il cet immonde truc en toc ? Il ne le portait pas tout à l'heure ! Elle songea avec effroi qu'elle se trouvait peut-être face à un fan de Snoop Doggy Dogg : ils en mettaient tous.

— Tu veux que je te serve ? demanda-t-il, la tirant de ses réflexions.

Elle acquiesça. Elle avait besoin d'un verre, et rapidement : la journée avait été riche en émotions.

Buvant une gorgée, elle chercha frénétiquement comment engager la conversation, mais ce fut lui qui prit l'initiative.

— J'aime beaucoup manger ici, ça fait des années que je viens.

— Oui ? Ça fait longtemps que tu habites à Montpellier ?

Sans qu'elle ne puisse s'en empêcher, elle ne cessait de fixer l'ignoble chevalière.

Les yeux d'Arno, sa bague, les yeux d'Arno, sa bague... Elle avait l'impression de suivre un match de tennis, tant son regard faisait des allers-retours.

Arrête de la regarder, ce n'est qu'un petit accessoire de rien du tout ! Concentre-toi sur son visage !

— Depuis toujours ! J'ai fait l'intégralité de mes études ici. On peut dire que je n'ai jamais bougé. On choisit ? Je meurs de faim !

Et ces minuscules diamants fluo incrustés... Non, ce n'était pas possible. Elle devait en avoir le cœur net.

— Oui, mais d'abord, je voulais te demander d'où vient ce bijou que tu portes ?

Il allait lui répondre qu'il avait fait un pari... ou que

sa nièce de douze ans venait de le lui offrir et qu'il avait oublié de l'enlever.

— Ça ? demanda-t-il, en lui collant son horreur sous le nez.

— Oui...

— C'est l'exacte réplique de celle que portait Joey Starr dans le clip *Ma benz.* On me l'a faite sur mesure. Chouette, hein, nigga ? Je suis un fan absolu depuis toujours ! Lorsque je travaille, j'évite d'en faire étalage, mais dès que je quitte l'hôpital, je ne peux m'en passer. C'est mon fétiche, en quelque sorte.

OK...

Un fan de hip-hop qui avait choisi pour doudou une monstruosité raflant l'oscar du mauvais goût...

Génial !

— Yo, répondit-elle, abasourdie, ne sachant quoi ajouter.

Elle tenta de se ressaisir. Qui était-elle pour le juger ? Une nana superficielle s'attachant à ces détails sans importance ?

— Toi aussi, tu aimes le rap ?

Que répondre ? S'ils finissaient ensemble, elle serait condamnée à faire l'amour, à manger, à danser, et à se brosser les dents sur du NTM. Leurs enfants porteraient des casquettes à l'envers, des pantalons XXL et leur premier mot serait une phrase : *Nique la police...*

Avait-elle vraiment envie de cela ?

— Pas vraiment...

Cette affirmation jeta un très léger froid.

En silence, ils se rapprochèrent pour examiner l'unique carte qui trônait sur la table.

— Saumon vapeur !

— Triple burger de canard !

Ils avaient énoncé leur choix en même temps et Lisie rougit. Eh bien ! Pour quelqu'un qui mourait de faim, il donnait dans le light, lui !

— Une adepte des plats consistants ? dit-il en riant.

— Oui, je dois l'admettre. J'ai très faim.

Hors de question de se la jouer midinette qui picore.

Une femme qui a de l'appétit, c'était sexy : voilà au moins une chose que Lucas lui avait apprise...

Lorsque les plats arrivèrent, Arno lui narrait l'histoire passionnante d'un homme débarqué aux urgences avec quarante blessures au thorax.

Berk ! Autant l'histoire de la mamie coincée dans son corset était charmante, autant celle là...

Et puis, elle devait l'admettre : elle s'ennuyait ferme.

Elle tenta de s'émoustiller, imaginant Arno complètement nu... mais rien à faire.

L'histoire se répétait : comme lorsqu'elle avait essayé avec Phil, elle ne ressentait rien.

Strictement rien.

Pas même un petit frisson d'excitation.

Le vide sensuel intersidéral.

Sans qu'elle ne sache comment (elle avait un mal fou à suivre la conversation et à y participer), le sujet de l'amour arriva sur le tapis. Arno lui avoua n'avoir jamais eu de relation sérieuse.

— Jusqu'à maintenant, lança-t-il avec un regard doux.

Allez, se fustigea Lisie. *Fais un effort ! Si on oublie le rap et le bijou, il est tout bonnement parfait. Beau, intelligent, ayant visiblement envie d'être en couple...*

Mais ennuyeux ! Ennuyeux !

Elle ne parvint pas à répondre et se contenta de croquer dans son burger, pendant qu'Arno chipotait sur son saumon en silence.

La conversation s'étira mollement jusqu'au dessert.

À ce moment-là, Lisie était tellement ailleurs qu'elle ne réagit pas lorsqu'il lui demanda de lui parler du cocktail qu'elle organisait. Il dut insister.

S'excusant, elle commença alors à lui décrire le projet. Il l'écoutait, absorbé.

Non, ce n'était pas possible.

Erreur de casting.

Tout cela manquait cruellement d'un je-ne-sais-quoi...

Enfin, si.

Cela manquait de fuites à moto, de taquineries, de colères, de coups au cœur, de frissons.

Je suis maso, songea-t-elle, alors qu'elle faisait un effort prodigieux pour poursuivre.

C'était pourtant clair : jamais plus elle n'accepterait de se fourrer dans une relation sans passion. Elle avait déjà donné, avec Jo.

Oh ! et après tout, zut !

Ce n'était pas en se jetant dans les bras d'un amateur de rap qu'elle oublierait Lucas...

— Je suis désolée, ça ne marchera pas.

Avait-elle prononcé ces mots tout haut ?

Apparemment oui : Arno avait blêmi. Sa bouche s'affaissa en un rictus déçu, mais il se ressaisit vite.

— Je me suis en effet aperçu que tu étais ailleurs...

— Je suis désolée. Je crois que je suis amoureuse de quelqu'un d'autre. En fait, non, j'en suis sûre. C'est probablement sans espoir, mais je dois en avoir le cœur net.

— Dans ce cas, je m'incline.

Élégant.

Pourquoi, mais pourquoi n'avait-elle pas été séduite ?

Pourquoi, pourquoi, pourquoi ?

Pourquoi ?

Elle avait envie de se gifler, de se noyer dans sa glace ou de se faire flamber à l'armagnac.

— Excuse-moi.

Elle sortit son portefeuille, mais Arno arrêta son geste.

— Je t'en prie, je t'invite.

Se sentant plus odieuse que Cruella, Lisie le remercia et quitta la table, honteuse... mais le cœur battant d'un fol espoir.

Jamais elle n'avait couru aussi vite.

Elle irait frapper chez Lucas. Il lui ouvrirait et elle lui demanderait de s'expliquer.

Peut-être qu'il lui dirait que toutes ces filles ne comptaient pas... Ils feraient ensuite l'amour comme des dingues... Il lui avouerait qu'il l'aimait...

Lorsqu'elle parvint en bas de chez lui, elle constata que la lumière était éteinte, mais on pouvait encore entendre Otis Redding.

Il se passait le disque en boucle, visiblement...

Peut-être en pensant à elle ?

Elle sonna.

Attendit.

Une, deux, trois minutes.

Peut-être n'avait-il pas entendu ?

Elle retenta le coup.

Toujours rien.

Soudain, un éclair de lucidité la traversa : mais bien sûr ! Son Interphone était en panne !

Déterminée à ne pas se dégonfler et à frapper à sa porte, elle appuya sur la sonnette du dessous.

Aucune réponse.

Elle essaya une autre, puis une autre...

Peine perdue !

Cet immeuble était-il à l'abandon ?

Que pouvaient donc faire les gens normalement constitués à 21 heures, à part regarder la télévision confortablement installés dans leur canapé ?

La dernière tentative se montra fructueuse.

— Oui ? répondit une voix féminine.

— Bonsoir, je suis désolée de vous déranger. Pourriez-vous m'ouvrir, s'il vous plaît ?

— Vous êtes ?

— Lisie Para.

— On n'ouvre pas aux inconnus.

— Je vous en supplie ! Je vous paierai !

— Non !

— Je ferai le ménage, le repassage chez vous !

— Vous êtes folle !

— Des massages de pieds ? Des gratins d'aubergines ?

— On n'ouvre pas aux inconnus, répéta la voix.

Elle était prête à tout pour la faire céder, mais un clic se fit entendre.

La vilaine dame avait raccroché !

Elle l'aurait à l'usure.

Elle appuya de nouveau sur la sonnette.

— Quoi encore ?

— Je m'excuse, mais techniquement, je ne suis pas une inconnue : j'ai passé la nuit dernière ici et je voudrais me rendre chez M. Strabovitz, seulement, il ne répond pas.

— C'est qu'il n'est pas là, alors.

— Si ! J'entends de la musique chez lui ! Son Interphone est en panne.

— Je suis la propriétaire de cet immeuble et je peux vous assurer que tous fonctionnent parfaitement. N'avez-vous pas pensé qu'il ne veut peut-être tout simplement pas vous voir ?

Lisie se sentit rougir et son cœur se serra.

Mince.

Crotte.

Double crotte.

Et si cette femme avait raison ?

Lumière éteinte, musique en fond sonore... Lucas n'était pas seul ! Il devait se prélasser entre ses draps avec une autre fille.

Songer un instant qu'il se désolait en pensant à elle... Ce qu'elle était cruche !

Hors catégorie, rang spécial.

Podium de l'imbécillité.

— Ne sonnez plus chez moi. Au revoir.

— Je...

Lisie entendit quelqu'un demander à son interlocutrice qui était à la porte.

— Personne, Charles-Henri, personne. Juste une pauvre fille égarée.

Et elle raccrocha.

— Je t'en collerai, moi, des pauvres filles égarées, grommela Lisie en se remettant en marche. Allez ma grande, ce n'est rien, on serre les dents et on sourit.

Une grosse larme coula sur sa joue.

12. Réception, course-poursuite et grand final

Lisie rêva que Théophile l'attaquait avec une chevalière magique aux pouvoirs anesthésiants. Tétanisée, elle s'écroulait, tandis qu'il approchait d'elle, menaçant, avec ses pellicules, ses doigts crochus et ses petits yeux porcins. Lucas arrivait alors en armure blanche pour lui couper la tête. Celle-ci roulait sur deux mètres et ils jouaient au foot avec : c'était follement divertissant. Mais lorsqu'ils eurent fini, au lieu de l'embrasser, de la hisser dans ses bras et de l'emporter au grand galop vers son château où ils se marieraient et auraient beaucoup d'enfants, Lucas allait rejoindre une cargaison de belles nanas qui se pâmaient d'admiration. Elle essayait bien de lui voler son épée pour toutes les décapiter, mais elle n'y parvenait pas... Peut-être qu'une fourchette ferait l'affaire ?

Elle se réveilla en sursaut.

Encore ? Cela devenait une fâcheuse habitude.

Bon, elle ne risquait plus rien, côté Théophile, mais la déception et la tristesse dues à sa petite aventure Interphonesque de la veille étaient toujours là, lancinantes.

Sans se laisser le temps de s'avachir sur les oreillers et de pleurer sur son misérable sort, elle se leva et s'habilla avec soin : elle rencontrait Mme Harshiche dans la journée, et il fallait en jeter. Elle choisit une robe portefeuille dans laquelle elle ne se contorsionna pas pour entrer, ainsi que des salomés dorées, puis contempla le résultat dans le miroir.

Look : OK.

Visage : à faire peur.

Ses joues étaient striées de maquillage, pauvres restes de ses pleurs nocturnes. Elle avait l'œil en berne et un pli amer déformait sa bouche.

Elle tenta d'arranger les choses à grand renfort de sérum « bonne mine » et de gymnastique faciale, mais le résultat ne fut guère probant.

— Une triple tartine beurre de cacahuète-Nutella pour se remonter le moral ? proposa-t-elle à son reflet.

Elle fit la moue.

Elle n'en avait même pas envie.

Une heure plus tard, elle accueillait les artisans dans l'Allée des Ailes. Ils commençaient à monter la scène lorsque Arsène la rejoignit.

— Alors Mandibule du printemps ? Ce rendez-vous amoureux ?

— Catastrophique.

Inutile de s'appesantir : un changement de sujet s'imposait.

— Les fleuristes et les décorateurs vont arriver. Penses-tu que la débauche de couleurs soit judicieuse ?

Elle s'en fichait comme du taux de la Bourse, en vérité, mais il fallait bien continuer : *Show Must Go On*, comme disait Freddy.

Et il avait raison.

En revanche, Nora... Elle en voulait terriblement à celle qui lui avait seriné pendant des années qu'il fallait mouiller le maillot en amour, se décarcasser pour le big love, et bla-bla-bla.

La littérature sentimentale donnait de tels faux espoirs...

Dès ce soir, poubelle, la Roberts !

Désormais, elle ne lirait plus que des Stephen King. Et attention ! Pas ceux destinés aux couards ! *Ça*, *Misery*, *Shining*... Tout y passerait.

— Ohé ! Tu m'écoutes ?

— Pardon, Arsène. Tu disais ?

— Je te parlais des teintes...

Lisie songea avec délectation qu'elle ferait bien une petite poupée vaudou à l'effigie de Lucas... Oui ! De la bonne vieille magie noire, quelques incantations de vengeance... Le premier endroit où elle planterait l'aiguille serait...

— *Largage de bombe !*

Une chose visqueuse et odorante s'abattit soudain sur son épaule, mettant un terme brutal à ses fantasmes. Baissant la tête, elle constata avec horreur qu'une crotte d'oiseau ornait délicatement son épaule.

Pas une crotte d'oiseau.

Non.

Une crotte de perroquet.

— *Missile de haut niveau !*

Dark, Dark, Dark !

Saloperie de bestiau ! Rat volant ! Fouine ailée !

C'était la crotte qui faisait déborder le vase.

— Je vais t'égorger ! hurla-t-elle.

Elle allait en faire du hachis pour garnir ses cannellonis.

Le massacrer.

La SPA la traînerait derrière les barreaux mais tant pis.

Elle tendit les mains en l'air pour se saisir du volatile, mais il effectua une pirouette spectaculaire.

— Viens là, sac à viande !

— Lisie... calme-toi. On va arranger ça, tenta de la raisonner Arsène, sortant son mouchoir de soie et tentant d'effacer l'affront de son épaule.

— Non ! Je vais me le faire ! Je vais me le faire ! Il m'a cherchée !

— Voyons, ce n'est qu'un perroquet !

— C'est plus que ça ! C'est le Malin !

Elle avait bien conscience que tout le monde la regardait s'époumoner, les artisans et les décorateurs qui venaient d'arriver, mais peu lui importait.

Ça allait saigner, avec ou sans témoins !

— Je vais t'avoir ! Tu vas me le payer !

Dark se posa au sol en fredonnant *The Eye of the Tiger*.

Il voulait du combat ? Il serait servi.

Elle bondit vers lui, mais il s'éleva immédiatement dans les airs.

Elle y passerait la journée s'il le fallait, mais elle le dégommerait.

Il allait déchanter sévère, le petit père !

Dark s'éloigna en direction du Cirque Rigolo, talonné par Lisie qui s'efforçait de respirer régulièrement pour tenir le coup, ignorant Arsène qui lui intimait de revenir.

Cinq minutes plus tard, le maudit animal se posa sur la balustrade, juste devant la mare où s'ébrouaient Dodo et Gavroche, deux phoques enjoués.

Les deux compères se mirent à observer le face-à-face des adversaires.

Dès que Lisie tentait une approche, Dark s'envolait. Ce petit jeu dura cinq longues minutes, à l'issue desquelles Lisie dut se rendre à l'évidence : elle n'y arriverait pas ainsi. Il fallait trouver autre chose.

La ruse contre la force...

Changeant de tactique, elle s'assit posément à quelques mètres du perroquet.

— Tu m'as vaincue, Dark. Je capitule. Toi et moi avons des comptes à régler, mais je suis prête à te pardonner, sache-le.

— *Adrienne, j'ai gagné !*

— Oui, oui, oui. Tu as gagné.

— *Merguez huileuse pas fraîche !*

— Tout à fait, c'est ce que je suis.

Ça lui écorchait la bouche d'abonder dans le sens de cet épouvantail multicolore, mais peut-être parviendrait-elle à quelque chose si elle se maîtrisait.

Mais c'était difficile ! Elle avait tellement envie de le zigouiller pour s'en faire des moufles !

Dark, probablement surpris du manque de réactivité de son adversaire, ne bougea pas et cligna de l'œil droit. Lisie enfouit sa tête dans ses bras, tentant de sangloter, mais rien ne vint.

Crotte de bique !

Elle pensa aux morts dans le monde, aux catastrophes naturelles...

Son œil resta aussi sec que du pain rassis.

Lucas et sa frivolité ?

Mieux... Un hoquet de tristesse la secoua.

Elle se laissa aller à pleurnicher un peu et quelques minutes plus tard, un léger crissement de graviers se fit entendre.

Dark approchait-il ?

Elle sentit des griffes sur son poignet et attrapa promptement la patte du volatile infernal.

— Tu es fait comme un rat ! Ah ! On fait moins le malin, maintenant ! Qui c'est le maître, hein, hein, hein, qui c'est le boss ? piailla-t-elle, complètement hystérique.

Dark, horrifié par tant de fourberie, se contorsionnait pour se dégager : il se démenait tant qu'il n'avait même plus la force de l'insulter. Il réussit tout de même à lui flanquer un coup d'aile bien senti dans le nez.

Elle s'approcha de la mare aux phoques.

— Si tu n'arrêtes pas immédiatement, je te flanque dans l'eau et je te noie. Est-ce bien clair ?

Dodo et Gavroche, choqués, opérèrent une prudente retraite dans leur petite maison en forme de ballon.

Après quelques soubresauts, Dark se calma et la regarda d'un air tout à fait pathétique.

S'il n'avait pas été si vicieux, il en aurait été presque émouvant.

— *ET téléphone pas maison. ET rentre maison.*

Quoi ?

De quoi parlait-il ?

— À Rio ? Tu es dingue, mon pauvre ! Tu te ferais bouffer tout cru par tes camarades de la jungle. Et les Smarties, tu y as pensé, aux Smarties ? Là-bas, ce sera plutôt vermisseaux et compagnie.

— *Non, ET rentre maison !*

— Mais quelle maison ? s'impatienta Lisie, le tenant toujours, sa curiosité attisée.

— *ET rentre maison cuisses rembourrées.*

— Hein ?

Comprenait-elle ce qu'il fallait comprendre ?

Dark voulait venir... chez elle ?

Il avait perdu la raison, le pauvre !

Jamais elle ne ramènerait une telle pollution auditive dans son havre de paix !

Et puis quoi encore ?

— *Deeeee, my daaarling, my loooove, I've hungered for your touch... A long, lonely time...*

Un remake de la BO de *Ghost*, encore plus pathétique que la version initiale !

Il chantait incroyablement faux et sa voix était la plus laide du monde, mais Lisie se sentit soudain toute tourneboulée... La fatigue et le stress de ces derniers jours, probablement...

Il est vil, fourbe et insultant : un Lucas version animale. Colle-le pour toujours dans sa cage, qu'on n'en parle plus !

Elle n'allait tout de même pas se faire avoir par cet imbécile d'oiseau !

— Pas la peine de te fatiguer ! Tu ne m'auras pas par les sentiments.

Dark baissa timidement le bec.

— Je ne crois pas à ton baratin. Je vais te remettre dans ta cage et t'y enfermer à quadruple tour. Et tu vas jurer de me ficher la paix, sinon, la prochaine fois, on rendra une petite visite à Sam... ou plutôt à Kim et Pat. Tu aimes Kim et Pat ?

Elle fronça les sourcils comme une malade (tant pis pour les ridules d'expression), et le regarda dans le blanc des yeux.

Dark fit un signe de la tête. Une grosse larme glissa sur sa joue et roula sur son plumage.

— *E.T. rentre maison.*

Lisie leva les yeux au ciel.

Est-ce qu'il était sincère ?

Alors qu'il enfouissait la tête dans son plumage, elle se sentit monstrueuse.

C'est vrai que ça ne devait pas être drôle de vivre enfermé...

— Dark, sois raisonnable, tu t'ennuierais chez moi, tout seul.

— *De temps en temps ?*

— Je ne sais pas si Arsène accepterait. Et puis, si c'était le cas... Non, non ! Tu serais trop encombrant.

Le perroquet renifla.

Était-il un grand sentimental refoulé, comme Crocodile Dundee ?

Était-il incroyablement agaçant juste parce qu'il avait un besoin maladif d'affection ?

Après tout... Si elle acceptait, il lui apporterait un peu de compagnie... Elle en avait cruellement besoin. Et peut-être que si elle s'en occupait, il deviendrait un gentil petit perroquet agréable qui la réveillerait à coups de délicieux compliments ?

Ce serait merveilleux...

— Écoute, Dark, je vais y réfléchir...

— *Câlin ?*

Oui, elle avait vu juste... Un grand sentimental.

Elle lui relâcha la patte et le prit tendrement dans ses bras.

C'est alors qu'il se propulsa en l'air, lui arrachant au passage une grosse touffe de cheveux.

— *Je t'ai euuuue ! Je t'ai euuuue ! Double bedaine de kebab !*

Aaaah !

Sale bête !

Traître immonde !

Lisie se rua vers lui, mais il l'esquiva sans la moindre difficulté. Elle fut déséquilibrée et s'étala dans une flaque de boue.

La seule sur cinquante mètres.

Évidemment.

— *Mais je t'aime quand même, poupée. Tu es ma préféréééée.*

Dark salua avec grandiloquence et s'éloigna en ricanant.

— Et moi je te déteste ! vociféra-t-elle, en brandissant le poing. Je te hais !

— *L'amourrrrr, la haineeeee ! Du pareil au mêêêême !*

Grommelant furieusement, Lisie alla rejoindre les artisans qui lui jetèrent des regards hilares.

Oui, sa tenue était pitoyable.

Oui, la boue s'était incrustée dans le tissu de sa robe et une des lanières de ses salomés pendait lamentablement.

Mais ils n'avaient que cela à faire, l'épier ?

— J'ai gagné ! leur lança-t-elle.

Qu'ils ne la prennent pas pour une loseuse, tout de même...

— Et maintenant, on se remet au travail !

— Lisie ?

Quoi encore ?

Elle pivota et se trouva face à Sérafina et Esteban.

Que fabriquaient-ils ici, pimpants comme des roitelets et sapés comme des dieux ?

— Bonjour, bégaya-t-elle, mal à l'aise, jetant un regard désespéré à ses guenilles. Vous êtes venus pour une visite ?

— Pas vraiment, répondit Sérafina, faisant manifestement de considérables efforts pour ne pas fixer son attention sur sa tenue. Nous sommes là pour répéter. Nous dansons, ce soir !

— Magnifique !

Le ton n'était guère convaincant, mais c'était le mieux qu'elle pouvait faire.

Lucas par-ci, Lucas par-là...

Lucas, Lucas, Lucas !

Allait-elle entendre parler de lui jusqu'à sa mort ?

— Nous savons que c'est toi qui organises tout ça ! Violette, enfin... Mme Harshiche nous l'a dit et nous sommes ravis de te revoir !

— Tou as invité Loucas, ce soir ? demanda Esteban.

Ça te regarde ?

— Non.

Sérafina tiqua.

— Et si tu allais repérer l'espace, mon chou, pendant que je bavarde un peu avec notre amie ?

— Tou ordonnes et j'obéis, *mi amor*, répondit son mari avec une gracieuse courbette.

Pourquoi n'avait-elle pas un Esteban, elle aussi ? C'était trop injuste.

— Il s'est passé quelque chose entre mon frère et toi ? demanda Sérafina dès qu'elles furent seules.

Ben voyons ! Plongeons dans le cœur du sujet, sans même une petite introduction polie avant...

— Oui... Enfin non.

Ce fichu tremblement dans sa voix...

— Tu veux qu'on aille s'asseoir ?

— Non, j'ai beaucoup de choses à faire et je...

— Allez, ne discute pas, viens !

L'autorité, c'était de famille chez eux !

Sérafina la prit par la main et l'entraîna à l'ombre d'un gros chêne. Elle lui fit le coup de la mine pleine de sollicitude et les vannes s'ouvrirent : Lisie lui raconta tout, omettant cependant les passages les plus hot. Imaginer son frère en dieu du sexe ne devait pas être follement agréable... Peut-être même traumatisant.

Lorsqu'elle en arriva au passage où elle mettait les voiles, Sérafina rougit et ses lèvres se mirent à trembler.

Mon Dieu, elle allait pleurer ?

Autant de compassion, c'était vraiment touchant...

— Non, mais je t'assure que ça va aller... Je m'en remettrai.

Sérafina explosa de rire.

— Les filles en *a* ?

Sympa... Elle n'était pas triste pour elle, elle se marrait !

C'est vrai que c'était hilarant...

Elle s'apprêtait à se lever, vexée, mais Sérafina la retint.

— En *a* ? Comme Sérafina... Lucas...

Comme patatra, rumba, bossa-nova, chikungunya... On pouvait jouer longtemps à ce petit jeu-là !

— Réfléchis, enfin !

— Merci, mais non, merci, j'ai toujours été nulle en jeux de logique.

— Sérafina, Lucas, filles en *a*...

Le cerveau de Lisie s'éclaira subitement.

Non.

Non, non, non, non...

Non !

— Tu veux dire que ces filles sont...

Elle n'osait le dire de peur de se tromper.

De nouveau, un espoir fou l'avait étreinte.

— Nos sœurs, oui ! Qui ont une fâcheuse tendance à se montrer envahissantes, à nous raconter sans cesse leurs déboires, leurs petites disputes, leurs problèmes de cœur, leurs grandes questions existentielles à toute heure du jour et de la nuit. J'y mets le holà, mais Lucas est faible, quand ça touche la famille... Nous avons perdu nos parents très jeunes et depuis, il se la joue protecteur.

Lisie se rassit, complètement sonnée.

Si elle disait vrai, c'était elle, la rustre qui avait fui comme une voleuse, sans aucune explication ! Elle qui n'avait pas répondu à ses textos inquiets...

Une vague de honte la submergea.

— Mais pourquoi ne me l'a-t-il pas dit ?

— Je ne sais pas. Qu'est-ce qu'il t'a raconté, quand tu le lui as demandé ?

Crotte.

Crotte, crotte, crotte...

Elle ne lui avait jamais posé la question.

Elle ne lui avait pas non plus laissé le temps de s'expliquer...

Malédiction !

Il devait la haïr.

Oui... Enfin bon. Ce n'était pas un agneau, non plus !

Il s'était même franchement moqué d'elle à plusieurs reprises...

— D'accord, d'accord, mais ça ne change rien, je ne pense pas que Lucas tienne tant que ça à moi...

— Ah bon ? Tu m'as dit qu'il t'avait sauvé la mise deux fois et je le redis, il t'a amenée chez moi. Ce n'est pas rien. La dernière fois que ça s'est produit, il était avec son ex, Manon.

C'était qui, celle-là ?

La jalousie lui pinça le cœur.

— Manon ?

— Oui. Il en était très amoureux, elle aussi. C'était il y a un moment et leur histoire a duré quoi... Cinq ans ? Dès le début, elle s'est montrée fragile, et plus le temps passait, plus elle devenait dépressive, maussade et surtout incroyablement possessive. Lucas a fini par rompre. Chantage affectif, suppliques en tout genre... Elle s'est accrochée, mais il a tenu bon. Depuis, rien de sérieux. Juste des aventures sans lendemain... Il n'a jamais voulu nous présenter qui que ce soit... Alors quand il est venu avec toi... Tu sais, ce n'est pas un expansif, notre Lucas. Si tu tiens à lui, il faudra composer avec ça...

C'est vrai qu'il avait été infernal...

Au départ.

Après, elle devait bien admettre qu'il s'était excusé... Il s'était même montré charmant...

— On dirait bien que j'ai chié dans la colle...

— Mais non, mais non, la rassura Sérafina, en lui tapotant le dos.

— Je peux t'emprunter ton téléphone ? Le mien est cassé.

— Bien sûr. Je te trouve le numéro de mon frère !

Lisie s'empara du portable et s'éloigna un peu, le cœur battant à tout rompre.

« — Vous êtes sur le répondeur de Lucas, je ne peux vous répondre pour le moment... »

Zut !

Pile au mauvais moment.

Elle devait trouver une excuse pour sa désertion de la veille, histoire de ne pas passer pour une nana expéditive et jalouse...

« — Laissez un message après le bip sonore... »

Une idée, vite !

Bip !

— Euh, Lucas, c'est Lisie... Tu ne vas pas me croire, mais hier matin, j'ai dû quitter ton appartement en toute hâte : quand tu étais en train de téléphoner, je me suis fait piquer par une guêpe. Il se trouve que je suis allergique et j'ai foncé aux urgences. Je voulais te prévenir, mais une méchante infirmière m'a dit d'éteindre mon portable. Quand je l'ai rallumé en sortant, j'ai voulu t'appeler et là, tu ne le croiras jamais, une mouette a foncé sur moi, m'a volé le téléphone et l'a jeté dans le caniveau. Il est irrécupérable. Saleté de mouette !

« Appuyez sur un pour enregistrer votre message. Appuyez sur deux pour l'effacer. »

Oui, bon.

Deux.

« Appuyez sur trois pour recommencer. »

Trois.

— Salut, Lucas. Je suis amoureuse de toi. Voilà. C'est dit. Viens me rejoindre si tu ressens la même chose... Mais si pour toi, ce n'est pas la même chose, euh...

« Appuyez sur un pour enregistrer votre... »

Deux.

— Salut, Lucas, j'ai besoin de te parler. Si tu tiens à moi, rejoins-moi là où nous nous sommes rencontrés, ce soir, à 21 heures.

Un.

Voilà.

Enregistré.

Elle raccrocha, les mains tremblantes.

Allait-il venir ?

Prise d'angoisse, elle rejoignit Sérafina.

— Alors ?

— Répondeur. J'ai laissé un message pour qu'il vienne ce soir, mais je ne suis pas certaine...

— Il viendra, affirma Sérafina en se levant. Bon, ce n'est pas tout, mais il faut que je rejoigne Esteban. On a du pain sur la planche ! On se voit tout à l'heure ?

— Je t'accompagne. Je vais surveiller l'avancée des travaux.

Sur le chemin, elles tombèrent sur Ludivine qui semblait surexcitée. Après l'avoir saluée, Sérafina s'éloigna.

— Lisie, il faut absolument que tu me suives !

Ludivine sautillait littéralement sur place.

— Quoi ?

— Viens !

Elle lui attrapa la main et l'entraîna vers la Singerie.

Lorsqu'elles atteignirent l'espace dédié aux babouins, Lisie hoqueta de surprise.

Théophile se trouvait dedans... à ramasser les crottes.

Le ramassage de crottes !

Arsène avait fait fort !

Elles se mirent à rire follement, ce qui fit sursauter Gros Chef. Il leur lança un regard de possédé.

— Foutez le camp, bande de parasites ! vociféra-t-il, en tentant de repousser un singe qui farfouillait dans ses cheveux.

— Laissez-le faire, monsieur Lafable ! Il pourrait bien vous débarrasser de vos pellicules répugnantes, lança Ludivine, hilare.

— Nous vous laissons tranquille, renchérit Lisie. Mais... Regardez ! Vous oubliez une crotte, là, derrière vous !

Prise d'un fou rire inextinguible, elles s'éloignèrent.

— Comment en est-il arrivé là ? demanda Ludivine lorsqu'elles eurent regagné l'allée principale.

— Je vais t'expliquer !

Toute la journée, Lisie cavala.

Il y eut la rencontre avec Violette Harshiche, que Dark faillit gâcher en la surnommant *Mine de Findus décongelée*, l'installation des décorations à superviser, les arrangements floraux à placer...

Les traiteurs arrivèrent en fin d'après-midi.

Ludivine, adorable, fonça chez elle lui chercher une tenue de rechange et à 20 heures, tout était prêt.

Lisie alla à la rencontre d'Arsène, qui arriva le premier en compagnie d'Yvonne. Lorsqu'il l'aperçut, ses yeux s'agrandirent.

— Tu es à couper le souffle !

C'est vrai que Ludivine avait dégoté au fond de son

dressing une robe vaporeuse bleu nuit qui lui allait particulièrement bien... Une taille 44 offerte par sa mère, dont elle n'avait jamais voulu entendre parler. Comme quoi...

Elle avait relevé ses boucles en un chignon élaboré et se sentait plutôt pas mal, dans son genre.

Yvonne approuva et lui sourit.

Ouf ! Mamie Gâteau était de retour !

Les prenant par le bras, Lisie les guida vers le cocktail.

En arrivant, Arsène poussa un cri de stupeur.

Il y avait de quoi : c'était superbe. De délicats lampions étaient accrochés çà et là, diffusant une douce lumière. Autour d'une grande piste de danse bordée d'orchidées se dressaient de petites tables charmantes. Une débauche de fleurs de toutes les couleurs parfumait agréablement l'endroit ; la brise soufflait doucement et une centaine d'oiseaux pépiaient de concert avec les musiciens qui déjà entamaient un morceau de Ray Charles.

— C'est impressionnant ! Tu m'accordes la première danse ? Enfin, si ma douce le permet.

Yvonne donna sa bénédiction et Arsène prit donc Lisie dans ses bras. Ils se mirent à danser lentement, au rythme du vieil homme.

— Je suis heureuse que ça te plaise, Arsène. Et je suis heureuse de travailler ici. J'aime cet endroit. C'est *mon* endroit.

— C'est le mien aussi.

Lisie appuya sa tête contre l'épaule de son ami et savoura le moment.

Lorsqu'ils se séparèrent, elle constata que tous les invités étaient là, riant, partageant un verre ou dansant.

— Viens. Il faut que je te parle...

Ils s'assirent plus loin, sur un muret.

— Tu sais Lisie, j'ai réfléchi, commença Arsène. Je ne serai pas éternel...

— Bien sûr que si, tu le seras !

— Non. Et je veux que le zoo reste ce qu'il est. Les

événements d'hier m'ont donné à réfléchir. J'avais cette idée depuis longtemps mais j'attendais d'être sûr... Voilà : je veux que tu hérites du zoo quand je ne serai plus.

Lisie refoula ses larmes.

— Ne parle pas de ça, je...

— Je parle de la mort parce que je suis heureux et que le jour où elle me cueillera, je serai prêt. Je veux que tu aies ce zoo et que tu continues à t'en occuper aussi bien que tu le fais depuis des années.

— Et Théophile ?

— Théophile sera pourvu, crois-moi, comme il l'est déjà. Il touchera une partie des bénéfices, mais ne détiendra aucune part du capital et n'aura aucun pouvoir décisionnaire. Il se contentera de faire ce qu'il a toujours fait : encaisser les chèques. Il ne te causera aucun ennui.

C'était incroyable...

Submergée de reconnaissance, elle ne savait que dire.

— Arsène, merci, merci infiniment... C'est trop. En as-tu parlé à Yvonne ?

— Bien sûr et elle aussi pense que c'est le mieux. C'est ce qui me tranquillise et ce qui est juste.

— Merci. Merci infiniment ! Je ne te décevrai jamais.

Elle plongea dans ses bras et Arsène la tint longtemps serrée contre lui, avant de la relâcher.

— Allez ! Zou ! La gloire m'attend. Je vais accueillir ces invités comme il se doit. Avec la classe Lafable ! se rengorgea-t-il, lissant sa cravate à losanges vert fluo.

— Arsène, je voulais te dire que...

— Eh ! Je ne suis pas sur mon lit de mort, alors épargne-moi les déclarations ! Garde-les pour plus tard !

Lisie se mit à rire et lui enleva une poussière de l'épaule.

— À tout à l'heure, alors !

Il s'éloigna avec un clin d'œil et Lisie se rassit pour digérer la nouvelle.

C'était une joie indescriptible, un bonheur fou.

C'était plus qu'elle n'avait jamais espéré.

— Coucou !

Ludivine s'approcha d'elle, radieuse dans sa robe fourreau.

— Tu n'as pas emmené la rouquine ?

— La brune, tu veux dire ? souffla Lulu, s'asseyant lourdement à ses côtés.

— Quoi ?

— J'ai eu le malheur de dire que j'aimais les brunettes et qu'est-ce qu'elle a fait ? Je te le demande ! Elle s'est ramenée de chez le coiffeur avec une chevelure corbeau... Non mais je te jure ! Je les collectionne !

Lisie éclata de rire.

— Comment as-tu réagi ?

— J'ai fui, évidemment ! Je crois que je vais rester célibataire un bout de temps ! Enfin, concentrons-nous sur le positif. Grande nouvelle : Vivi est dressée !

— Non ? Comment as-tu fait ?

— J'ai menacé d'en faire une brochette. Je crois que je l'ai terrorisée. Elle ne bronche plus depuis.

— Tu as bien fait ! L'autorité, il n'y a que ça de vrai !

Elles se levèrent en riant et s'approchèrent du bar pour prendre un verre, admirant Sérafina et son mari qui virevoltaient avec grâce.

Lisie appréciait le spectacle, mais une angoisse inexorable montait en elle.

Et si Lucas ne venait pas ?

S'il l'avait trouvée trop cruche, trop gourde, trop excessive, trop... tout ?

L'heure du rendez-vous arriva et Lisie s'éloigna discrètement, profitant de ce que Ludivine dansait avec Phil.

L'obscurité était presque totale mais une chose était certaine : il n'était pas là.

Elle avait été stupide de penser qu'il viendrait.

Stupide.

Elle s'apprêtait à quitter les lieux, lorsqu'une voix la fit se figer.

— Comme la première fois ?

Il était venu !

Elle le vit nettement lorsqu'il fut tout près d'elle : son visage était grave, ténébreux, beau.

— Comme la première fois. Je m'excuse, Lucas. Je n'avais pas confiance en toi, mais Sérafina m'a tout dit.

— Quoi exactement ?

— Ton ex, Manon, tes sœurs...

— Je vois.

— Et je suis désolée d'être partie ainsi...

Allait-il la prendre pour une foldingue, aussi jalouse que son ex ?

— Je ne suis pas possessive, crois-moi, mais je pensais que ces filles étaient... et c'est pour ça que je... et puis j'ai sonné chez toi hier et tu ne répondais pas... J'ai imaginé que tu étais avec une fille et...

Diable ! Allait-elle parvenir à finir une phrase ?

Elle leva les yeux vers lui.

Un sourire éclairait ses traits et le cœur de Lisie se gonfla.

Elle aimait tout de lui.

Tout.

— Hier soir ? Je me suis endormi comme une masse... Écoute, je voulais m'excuser, la dernière fois, mais tu ne m'as pas laissé le faire... Je suis désolé d'avoir été si imbuvable au début. Pour tout te dire, je crois que j'avais la trouille.

— Toi ?

— Moi. Je vivais très bien ma solitude jusqu'à ce que tu me hurles dessus, ici même. Tu me rends fou.

— Depuis le début ?

— Depuis le début... Même dans ta tenue d'ours, ajouta-t-il d'un air taquin. C'était d'un sexy, si tu savais...

— Tu recommences avec l'ironie, lui reprocha-t-elle, en le poussant légèrement.

Il ne la laissa pas s'échapper et la prit fermement dans ses bras.

— Tu n'es pas convaincue... Voyons... je dois pouvoir faire mieux... J'aime ta détermination, ta joie de vivre, ton énergie et ton caractère volcanique.

— Mouais...

— Et ton sens éminemment romantique de la repartie.

Elle étouffa un rire.

— Ta sensualité, ta peau caramel, et ton corps...

Il l'attira et elle se perdit dans son étreinte. Elle devait le lui dire.

— Je suis amoureuse de toi.

— Et c'est follement réciproque...

En exclusivité, un deuxième extrait du nouveau roman de E. L. James, inspiré d'une histoire vraie ! Sous un ciel étoilé, Lucas s'approcha d'elle et...

Non.

Pas besoin de fantasmes.

Lorsqu'il l'embrassa, la faisant chavirer, elle comprit que cette fois, et pour de bon, sa vie surpassait ses rêves les plus fous.

Remerciements

Un grand merci à Sophie Lagriffol, mon éditrice, pour sa gentillesse et pour avoir succombé aux charmes de Lisie et de ses compagnons !

Merci également :

À Nicolas Borrelly (*my boyfriend is a tiger*) pour m'avoir encouragée et pour avoir écouté sans sourciller mes idées d'histoires fantasques,

À Anne Ferrier, ma pensine, la jolie louve du nord (un jour, toi, moi, plage de sable blanc, cocktails à gogo !),

À Ludivine Gaudry, ma brendamour, mon Navarr' (vive la frite !),

À Laure Argentin, ma vio (efficacité, rapidité et... lookée !),

À Aurore Py, œil de lynx de la coquille,

À mes parents (vive l'imprimante !),

À mon frérot (« Allô ? ? ? Je comprends riiiiien à la mise en page ! »),

À Renaud Vidal, Amélie Bouisson, Emmanuelle Haltali, mes best, grande source d'inspiration, de rires et de bêtises.

Un clin d'œil à Ludivine Austruy et Mélanie Parra (« C'est quoi comme Alfa ? Romeo ! » ; « Un parking propre, c'est rassurant ! »)

Composé et édité par HarperCollins France.

Achevé d'imprimer en décembre 2017.

CPI
BLACK PRINT

Barcelone

Dépôt légal : janvier 2018.

Pour limiter l'empreinte environnementale de ses livres, HarperCollins France s'engage à n'utiliser que du papier fabriqué à partir de bois provenant de forêts gérées durablement et de manière responsable.

Imprimé en Espagne.